DR. OETKER

MODE WAFFELN

DURCHBEISSER-WAFFELN, PIZZA-WAFFELN, MOHRENWAFFELN, EIERLIKÖRWAFFELN...

DR. OETKER

MODE WAFFELN

DURCHBEISSER-WAFFELN, PIZZA-WAFFELN, MOHRENWAFFELN, EIERLIKÖRWAFFELN...

Dr. Oetker Verlag

Vorwort

Gibt es etwas Köstlicheres als duftende, selbst gebackene Waffeln mit Puderzucker, Sahne oder anderen Beilagen?

In diesem Buch finden Sie neben Klassikern vor allem neue, witzige und ideenreiche Variationen der allseits beliebten Waffeln. Sie sind schnell und einfach zubereitet und eignen sich besonders gut für den Überraschungsbesuch.

Begeistern Sie Ihre Lieben mit süßen und herzhaften Waffelgenüssen wie Bounty-Waffeln, Rotweinwaffeln, Mohrenwaffeln oder Pizzawaffeln.

Abkürzungen

EL	= Esslöffel
TL	= Teelöffel
Msp.	= Messerspitze
Pck.	= Packung/Päckchen
g	= Gramm
kg	= Kilogramm
ml	= Milliliter
l	= Liter
evtl.	= eventuell
geh.	= gehäuft
gestr.	= gestrichen
TK	= Tiefkühlprodukt
°C	= Grad Celsius
≙	= entspricht
E	= Eiweiß
F	= Fett
Kh	= Kohlenhydrate
kcal	= Kilokalorien
kJ	= Kilojoule

Hinweise zu den Rezepten

Lesen Sie bitte vor der Zubereitung – besser noch vor dem Einkaufen – das Rezept einmal vollständig durch. Oft werden Arbeitsabläufe oder -zusammenhänge dann klarer.
Einige Waffeleisen haben verschiedene Heizstufen und antihaftbeschichtete Waffeleisen müssen in der Regel nur einmal leicht gefettet werden. Bitte beachten Sie dazu die Gebrauchsanweisung des Herstellers.

Zubereitungszeiten

Die Zubereitungs- und Backzeit beinhaltet die Zeit für die Zubereitung des Teiges, die Backzeit der Waffeln und die Zubereitung eventueller Beilagen. Wartezeiten wie z. B. Kühlzeit oder Teiggehzeit bei Hefeteigen sind nicht mit einbezogen.

Ostfriesenwaffeln

Foto
12 kleine Waffeln
Zubereitungs- und Backzeit: etwa 40 Min.

Insgesamt:
E: 56 g, F: 193 g, Kh: 294 g, kJ: 13020, kcal: 3125

Für den Rührteig:
- **2 Becher (je 125 g) Crème Double**
- **100 g Grümmel (zerstoßener Kandiszucker)**
- **1 Pck. Bourbon-Vanille-Zucker**
- **3 Eigelb (Größe M)**
- **225 g Weizenmehl**
- **1 gestr. TL Backpulver**
- **3 Eiweiß (Größe M)**

Außerdem:
- **Preiselbeerkompott**
- **geschlagene Sahne**

1 Für den Teig Crème Double in eine Rührschüssel geben und mit Handrührgerät mit Rührbesen nach und nach Grümmel und Vanille-Zucker unterrühren. So lange rühren, bis eine gebundene Masse entstanden ist.

2 Eigelb nach und nach unterrühren. Mehl und Backpulver mischen, sieben und portionsweise auf mittlerer Stufe unterrühren. Eiweiß steif schlagen und unterheben.

3 Waffeleisen erhitzen und evtl. leicht fetten. Je Waffel 1–2 Esslöffel Teig in die Mitte des Waffeleisens geben, so dass das Waffeleisen nicht bis zum Rand gefüllt ist. Die Waffeln goldbraun backen, anschließend herausnehmen und auf einem Kuchenrost erkalten lassen.

4 Die Waffeln mit Pflaumenmus und geschlagener Sahne servieren.

Tipp:
Dazu schwarzen Tee reichen.
Als Geschenk Waffeln aufeinander stapeln, in Klarsichtfolie einschlagen und mit einem Geschenkband dekorieren.
Anstelle von Crème Double können Sie auch Crème fraîche oder Schmand verwenden.

Crème-fraîche-Waffeln

8–10 Stück
Zubereitungs- und Backzeit: etwa 50 Min.

Insgesamt:
E: 56 g, F: 112 g, Kh: 300 g, kJ: 10087, kcal: 2421

Für den Rührteig:
- **2 Becher (je 150 g) Crème fraîche**
- **100 g Zucker**
- **1 Pck. Vanillin-Zucker**
- **abgeriebene Schale von 1/2 Zitrone (unbehandelt)**
- **1 Prise Salz**
- **3 Eier (Größe M)**
- **250 g Weizenmehl**
- **1 gestr. TL Backpulver**

1 Für den Teig Crème fraîche mit Handrührgerät mit Rührbesen in einer Schüssel kurz verrühren.

(Fortsetzung Seite 8

Nach und nach Zucker, Vanillin-Zucker, Zitronenschale und Salz unterrühren. So lange rühren, bis eine gebundene Masse entstanden ist. Eier nach und nach unterrühren (jedes Ei etwa 1/2 Minute). Mehl mit Backpulver mischen, sieben und portionsweise auf mittlerer Stufe unterrühren.

2 Das Waffeleisen erhitzen und evtl. leicht fetten. Je Waffel etwa 2 Esslöffel Teig in das Waffeleisen füllen und etwas verteilen. Die Waffeln goldbraun backen, anschließend herausnehmen und einzeln auf einem Kuchenrost erkalten lassen.

Tipp:
Servieren Sie zu den Waffeln geschlagene Sahne, Vanilleeis, gezuckerte Beerenfrüchte, Konfitüre, Gelee oder Rote Grütze.

Fruchtpüreewaffeln

6 Stück
Zubereitungs- und Backzeit: etwa 45 Min.

Insgesamt:
E: 38 g, F: 98 g, Kh: 299 g, kJ: 9395, kcal: 2238

Für den Rührteig:
- **150 g Himbeeren**
- **1 kleine Dose Aprikosenhälften (Abtropfgewicht 130 g)**
- **100 g Butter oder Margarine, 75 g Zucker**
- **2 Eier (Größe M)**
- **150 g Weizenmehl**
- **1/2 gestr. TL Backpulver**
- **1 Pck. Grießbrei Klassische Art**

Zum Bestäuben:
- **Puderzucker**

1 Für den Teig Himbeeren verlesen, zerdrücken und durch ein Sieb passieren. Aprikosenhälften in einem Sieb abtropfen lassen und pürieren. Butter oder Margarine mit Handrührgerät mit Rührbesen auf höchster Stufe geschmeidig rühren. Nach und nach Zucker unterrühren. So lange rühren, bis eine gebundene Masse entstanden ist.

2 Eier nach und nach unterrühren (jedes Ei etwa 1/2 Minute). Mehl mit Backpulver mischen, sieben und portionsweise abwechselnd mit dem Grießbreipulver auf mittlerer Stufe unterrühren.

3 Den Teig halbieren. Unter eine Hälfte das Himbeermus, unter die andere Hälfte das Aprikosenpüree rühren.

4 Waffeleisen erhitzen und evtl. leicht fetten. Je Waffel 1–2 Esslöffel von jeder Teigsorte in Klecksen oder Kreisen in das Waffeleisen geben. Die Waffeln goldbraun backen, anschließend herausnehmen und einzeln auf einem Kuchenrost erkalten lassen. Die Waffeln nach Belieben mit Puderzucker bestreut servieren.

Tipp:
Dazu Joghurteis servieren.
Sie können frische Himbeeren oder auch aufgetaute TK-Himbeeren nehmen.
Statt Himbeeren können Sie auch Erdbeeren verwenden, diese dann einfach abspülen, abtropfen lassen, putzen und pürieren. Sie färben den Teig allerdings nicht so stark wie Himbeeren.

Schnelle Nusswaffeln

Foto
8–10 Stück
Zubereitungs- und Backzeit: etwa 45 Min.

Insgesamt:
E: 56 g, F: 189 g, Kh: 150 g
kJ: 10559, kcal: 2522

Für den All-in-Teig:
- **125 g Weizenvollkornmehl**
- **1 gestr. TL Backpulver**
- **125 g gemahlene Haselnusskerne**
- **75 g Birnen-Dattel-Kraut oder Apfeldicksaft**
- **1 Prise Salz**
- **3 Eier (Größe M)**
- **150 g saure Sahne**
- **75 g zerlassene, abgekühlte Butter oder Margarine**
- **1 säuerlicher Apfel**

1 Für den Teig Mehl mit Backpulver mischen und in eine Rührschüssel geben. Haselnusskerne, Birnen-Dattel-Kraut oder Apfelkraut, Salz, Eier, saure Sahne und Butter oder Margarine hinzufügen.

2 Die Zutaten mit Handrührgerät mit Rührbesen zunächst kurz auf niedrigster, dann auf höchster Stufe in etwa 2 Minuten zu einem Teig verarbeiten. Apfel schälen, vierteln, entkernen, grob raspeln und kurz unter den Teig rühren.

3 Das Waffeleisen erhitzen und evtl. leicht fetten. Je Waffel etwa 2 Esslöffel Teig in das Waffeleisen füllen. Die Waffeln goldbraun backen, anschließend herausnehmen und auf einem Kuchenrost erkalten lassen.

Kernige Nusswaffeln

8 Stück
Zubereitungs- und Backzeit: etwa 60 Min.

Insgesamt:
E: 90 g, F: 301 g, Kh: 318 g,
kJ: 18165, kcal: 4352

Für die Karamellsauce:
- **10 g Butter**
- **30 g Zucker**
- **1 EL flüssiger Honig**
- **200 ml Schlagsahne**

Für den Teig:
- **1 Pck. (200 g) Nusskernmischung extra (Haselnusskerne, Mandeln, Paranusskerne, Walnusskerne und Cashewkerne)**
- **100 g Butter oder Margarine**
- **150 g flüssiger Honig**
- **1 Pck. Vanillin-Zucker**
- **4 Eier (Größe M)**
- **150 g Weizenmehl**
- **½ gestr. TL Backpulver**
- **250 g Haselnussjoghurt**

1 Für die Karamellsauce Butter und Zucker in einen kleinen Topf geben und goldgelb karamellisieren lassen. Honig und Sahne hinzugeben und alles bei schwacher Hitze unter gelegentlichem Rühren etwa 3 Minuten kochen lassen. Die Sauce abkühlen lassen.

2 Für den Teig die Hälfte der Nusskernmischung fein mahlen, von der anderen Hälfte etwa

(Fortsetzung Seite 12)

20 Mandeln und/oder Cashewkerne halbieren und zurücklegen und den Rest fein hacken. Die gemahlenen und gehackten Nusskerne in einer Pfanne ohne Fett leicht bräunen und erkalten lassen.

3 Butter oder Margarine mit Handrührgerät mit Rührbesen auf höchster Stufe geschmeidig rühren. Nach und nach Honig und Vanillin-Zucker unterrühren. So lange rühren, bis eine gebundene Masse entstanden ist. Eier nach und nach unterrühren (jedes Ei 1/2 Minute).

4 Mehl mit Backpulver mischen, sieben und portionsweise abwechselnd mit den gemahlenen und gehackten Nusskernen und dem Joghurt auf mittlerer Stufe unterrühren.

5 Waffeleisen erhitzen und evtl. leicht fetten. Je Waffel 2–3 Esslöffel Teig in das Waffeleisen geben, etwas verteilen und je 5 halbierte Mandeln oder Cashewkerne auf den Teig verteilen. Die Waffeln goldbraun backen, anschließend herausnehmen und auf einem Kuchenrost erkalten lassen.

Vanillejoghurtwaffeln mit Erdbeeren

8 Stück
Zubereitungs- und Backzeit: etwa 45 Min.

Insgesamt:
E: 59 g, F: 141 g, Kh: 293 g, kJ: 11251, kcal: 2685

Für den Rührteig:
- **125 g Butter oder Margarine**
- **100 g Puderzucker**
- **4 Eier (Größe M)**
- **150 g Weizenmehl**
- **1 Pck. Saucenpulver Vanille-Geschmack zum Kochen**
- **300 g Vanillejoghurt**

Für die Beilage:
- **250 g Erdbeeren**
- **abgeriebene Schale und Saft von 1/2 Zitrone (unbehandelt)**
- **2 EL Puderzucker**

1 Für den Teig Butter oder Margarine mit Handrührgerät mit Rührbesen auf höchster Stufe geschmeidig rühren. Nach und nach Puderzucker unterrühren. So lange rühren, bis eine gebundene Masse entstanden ist.

2 Eier nach und nach unterrühren (jedes Ei etwa 1/2 Minute). Mehl mit Saucenpulver mischen, sieben und portionsweise abwechselnd mit dem Joghurt auf mittlerer Stufe unterrühren.

3 Waffeleisen erhitzen und evtl. leicht fetten. Je Waffel gut 2 Esslöffel Teig in das Waffeleisen geben und etwas verteilen. Die Waffeln goldbraun backen, anschließend herausnehmen und auf einem Kuchenrost erkalten lassen.

4 Für die Beilage Erdbeeren abspülen, abtropfen lassen, entstielen und in Scheiben schneiden. Zitronenschale mit Zitronensaft verrühren und auf den Erdbeeren verteilen. Die Früchte beim Servieren auf die Waffeln geben und mit Puderzucker bestäuben.

Mohrenwaffeln

12 Stück
Zubereitungs- und Backzeit: etwa 40 Min.

Insgesamt:
E: 76 g, F: 360 g, Kh: 298 g, kJ: 19780, kcal: 4721

Für den Rührteig:

- **250 g Butter oder Margarine**
- **125 g Zucker**
- **1 Pck. Vanillin-Zucker**
- **4 Eigelb (Größe M)**
- **150 g Weizenmehl**
- **25 g Kakaopulver**
- **1 Pck. Pudding-Pulver Schokoladen-Geschmack**
- **2 gestr. TL Backpulver**
- **200 ml Schlagsahne**
- **100 g abgezogene, gemahlene Mandeln**
- **4 Eiweiß (Größe M)**

Zum Bestäuben:

- **etwas Puderzucker**

1 Für den Teig Butter oder Margarine mit Handrührgerät mit Rührbesen auf höchster Stufe geschmeidig rühren. Nach und nach Zucker und Vanillin-Zucker unterrühren. So lange rühren, bis eine gebundene Masse entstanden ist.

2 Eigelb nach und nach unterrühren. Mehl mit Kakao, Pudding-Pulver und Backpulver mischen, sieben und portionsweise abwechselnd mit der Sahne auf mittlerer Stufe unterrühren. Mandeln kurz unterrühren. Eiweiß steif schlagen und unterheben.

3 Das Waffeleisen erhitzen und evtl. leicht fetten. Je Waffel etwa 2 Esslöffel Teig in das Waffeleisen geben. Die Waffeln knusprig backen, anschließend herausnehmen, einzeln auf einem Kuchenrost erkalten lassen und mit Puderzucker bestäuben.

Tipp:
Für beschwipste Mohrenwaffeln können Sie die Hälfte der Sahne im Teig durch Kaffeelikör ersetzen.
Dazu schmeckt geschlagene Sahne, evtl. mit 1 Päckchen Orangenfrucht verfeinert oder Vanilleeis und heiße Kirschen oder auch heiße Vanillesauce.

Gefüllte Ritterherzen

8 Waffeln ≙ 20 Stück
Zubereitungs- und Backzeit: etwa 60 Min.

Insgesamt:
E: 83 g, F: 252 g, Kh: 461 g, kJ: 18590, kcal: 4441

Für den Rührteig:
- **1 Tafel (100 g) Ritter Sport Knusperkeks**
- **150 g Butter oder Margarine**
- **50 g Zucker**
- **1 Pck. Vanillin-Zucker**
- **4 Eier (Größe M)**
- **225 g Weizenmehl**
- **100 ml Milch**

Zum Bestreichen:
- **etwa 125 g Aprikosen-konfitüre**

Für die Füllung:
- **100 g Marzipan-Rohmasse**
- **20 g Puderzucker**

Für den Guss:
- **100 g Vollmilchschokolade**
- **1 TL Speiseöl**

1 Für den Teig Schokolade sehr fein hacken. Butter oder Margarine mit Handrührgerät mit Rührbesen auf höchster Stufe geschmeidig rühren. Nach und nach Zucker und Vanillin-Zucker unterrühren. So lange rühren, bis eine gebundene Masse entstanden ist.

2 Eier nach und nach unterrühren (jedes Ei etwa 1/2 Minute). Mehl sieben und portionsweise abwechselnd mit der Milch auf mittlerer Stufe unterrühren. Zuletzt die Schokostücke kurz unterrühren.

3 Waffeleisen erhitzen und evtl. leicht fetten. Je Waffel 2–3 Esslöffel Teig in das Waffeleisen geben und etwas verteilen. Die Waffeln goldbraun backen, anschließend herausnehmen und auf einem Kuchenrost erkalten lassen. Der Teig ergibt 8 Waffeln.

4 Zum Bestreichen alle Waffeln auf eine Platte legen und dünn mit Aprikosenkonfitüre bestreichen.

5 Für die Füllung Marzipan mit Puderzucker verkneten, dünn ausrollen und 20 Herzen in der Größe der Waffelherzen ausstechen. Die Marzipanherzen auf der Hälfte der Waffeln so auf die Waffelherzen verteilen und mit den restlichen Waffeln belegen, dass die Herzen übereinander liegen. Die Waffeln mit einem Messer in Herzen teilen.

6 Für den Guss Schokolade in Stücke brechen und mit Öl im Wasserbad bei schwacher Hitze geschmeidig rühren. Die Herzen mit der Spitze in die Schokolade tunken, auf einen Kuchenrost legen und die Schokolade fest werden lassen.

Tipp:
Die Schokolade vor dem Hacken in den Kühlschrank legen.
Für den Guss kann statt Vollmilchschokolade auch Zartbitter- oder weiße Schokolade verwendet werden.

Durchbeisser-Waffeln

Foto
6 Stück
Zubereitungs- und Backzeit: etwa 45 Min., ohne Abkühlzeit

Insgesamt:
E: 50 g, F: 191 g, Kh: 309 g, kJ: 13123, kcal: 3131

Für den Rührteig:
- **150 g Durchbeißer Karmell (Toffee-Bonbons von Storck)**
- **150 ml Schlagsahne**
- **125 g Butter oder Margarine**
- **25 g Puderzucker**
- **3 Eier (Größe M)**
- **200 g Weizenmehl**
- **1/2 gestr. TL Backpulver**

Für den Belag:
- **2 Äpfel**

1 Für den Teig die Durchbeißer in kleine Stücke schneiden. Sahne in einem Topf zum Kochen bringen und die Bonbons unter Rühren darin auflösen. Die Masse unter gelegentlichem Rühren abkühlen lassen.

2 Butter oder Margarine mit Handrührgerät mit Rührbesen auf höchster Stufe geschmeidig rühren. Nach und nach Puderzucker unterrühren. So lange rühren, bis eine gebundene Masse entstanden ist.

3 Eier nach und nach unterrühren (jedes Ei etwa 1/2 Minute). Mehl mit Backpulver mischen, sieben und portionsweise abwechselnd mit der Bonbonsahne auf mittlerer Stufe unterrühren.

4 Für den Belag Äpfel schälen, vierteln, Kerngehäuse entfernen und die Viertel in sehr dünne Spalten schneiden.

5 Waffeleisen erhitzen und evtl. leicht fetten. Je Waffel 5 Apfelspalten in das Waffeleisen legen, etwa 3 Esslöffel Teig darauf geben und vorsichtig etwas verteilen. Die Waffeln goldbraun backen, anschließend herausnehmen und auf einem Kuchenrost erkalten lassen.

Tipp:
Die Waffeln schmecken auch warm sehr gut. Dann die Waffeln bei 50 °C im Backofen auf Backpapier warm halten.

Knusprige Sandwaffeln

8 Stück
Zubereitungs- und Backzeit: etwa 40 Min., ohne Kühlzeit

Insgesamt:
E: 52 g, F: 204 g, Kh: 376 g, kJ: 14828, kcal: 3540

Für den Rührteig:
- **175 g Kokosfett**
- **175 g Zucker**
- **1 Pck. Vanillin-Zucker**
- **1/2 Fläschchen Rum-Aroma**
- **1 Prise Salz**
- **4 Eier (Größe M)**
- **225 g Weizenmehl**
- **25 g Speisestärke**
- **1/2 gestr. TL Backpulver**

Zum Bestäuben:
- **etwas Puderzucker**

(Fortsetzung Seite 20)

1 Für den Teig Kokosfett zerlassen, in eine Rührschüssel geben kalt stellen und fest werden lassen.

2 Anschließend das Fett mit Handrührgerät mit Rührbesen auf höchster Stufe geschmeidig rühren. Nach und nach Zucker, Vanillin-Zucker, Rum-Aroma und Salz unterrühren. So lange rühren, bis eine gebundene Masse entstanden ist.

3 Eier nach und nach unterrühren (jedes Ei etwa 1/2 Minute). Mehl mit Speisestärke und Backpulver mischen, sieben und portionsweise auf mittlerer Stufe unterrühren.

4 Waffeleisen erhitzen und evtl. leicht fetten. Je Waffel etwa 2 Esslöffel Teig in das Waffeleisen geben und etwas verteilen. Die Waffeln goldbraun backen, anschließend herausnehmen, auf einem Kuchenrost erkalten lassen und vor dem Servieren mit Puderzucker bestäuben.

Amerikanische Waffeln

12 Stück
Zubereitungs- und Backzeit: etwa 40 Min.

Insgesamt:
E: 70 g, F: 100 g, Kh: 380 g
kJ: 11303, kcal: 2699

Für den Teig:
- **300 g Weizenmehl**
- **1 gestr. TL Natron**
- **120 g Zucker**
- **1/2 gestr. TL Salz**
- **500 ml (1/2 l) Buttermilch**
- **3 Eigelb (Größe M)**
- **90 g zerlassene, abgekühlte Butter**
- **3 Eiweiß (Größe M)**

Außerdem:
- **Ahornsirup**

1 Für den Teig Mehl mit Natron mischen und in eine Rührschüssel sieben. Zucker und Salz hinzufügen. Buttermilch, Eigelb und Butter nach und nach mit Handrührgerät mit Rührbesen unterrühren. Eiweiß steif schlagen und zuletzt unterheben.

2 Das Waffeleisen erhitzen und evtl. leicht fetten. Je Waffel etwa 2 Esslöffel Teig in das Waffeleisen füllen und etwas verteilen. Die Waffeln goldbraun backen, anschließend herausnehmen und einzeln auf einem Kuchenrost erkalten lassen.

3 Die Waffeln mit Ahornsirup servieren.

Tipp:
Die Waffeln werden in Amerika mit Butter zum Frühstück serviert und schmecken auch gut mit Zuckerrübensirup.

Mohn-Hefe-Waffeln

Foto
10 Stück
Zubereitungs- und Backzeit: etwa 40 Min.

Insgesamt:
E: 79 g, F: 221 g, Kh: 512 g, kJ: 18570, kcal: 4429

Für den Hefeteig:
- **275 g Weizenmehl**
- **1 Pck. Hefeteig Garant**
- **1 Prise Salz, 100 g Zucker**
- **2 Eier (Größe M)**
- **100 g zerlassene Butter**
- **250 ml (1/4 l) Schlagsahne**
- **1 Pck. (250 g) Mohnback**
- **1 Pck. (125 g) Rumrosinen**

Für die Beilage:
- **Puderzucker**
- **1 Becher Vanillesauce aus dem Kühlregal**

1 Für den Teig Mehl in eine Rührschüssel sieben und sorgfältig mit Hefeteig Garant mischen. Salz, Zucker, Eier, Butter, Schlagsahne und Mohnback hinzufügen und die Zutaten mit Handrührgerät mit Rührbesen zunächst auf niedrigster, dann auf höchster Stufe gut verrühren. Zuletzt die Rumrosinen kurz unterarbeiten.

2 Waffeleisen erhitzen und evtl. leicht fetten. Je Waffel etwa 3 Esslöffel Teig in das Waffeleisen geben und etwas verteilen. Die Waffeln goldbraun backen, anschließend herausnehmen und auf einem Kuchenrost erkalten lassen.

3 Die Waffeln nach Belieben mit Puderzucker bestreuen und Vanillesauce dazu reichen.

Tipp:
Dazu Preiselbeerkompott reichen.

Erdnusswaffeln

8 Stück
Zubereitungs- und Backzeit: etwa 35 Min.

Insgesamt:
E: 101 g, F: 209 g, Kh: 339 g, kJ: 15683, kcal: 3746

Für den All-in-Teig:
- **250 g Weizenmehl**
- **1 gestr. TL Backpulver**
- **75 g Zucker**
- **3 Eier (Größe M)**
- **75 ml Speiseöl**
- **250 ml (1/4 l) Buttermilch**
- **200 g Erdnusscreme mit Stücken („crunchy")**

Außerdem:
- **Ahornsirup oder flüssiger Honig**

1 Für den Teig Mehl mit Backpulver mischen und in eine Rührschüssel sieben. Restliche Zutaten für den Teig hinzufügen und alles mit Handrührgerät mit Rührbesen zunächst auf niedrigster, dann auf höchster Stufe in etwa 2 Minuten zu einem Teig verarbeiten.

2 Waffeleisen erhitzen und evtl. leicht fetten. Je Waffel etwa 3 Esslöffel Teig in das Waffeleisen geben und etwas verteilen. Die Waffeln goldbraun backen, anschließend herausnehmen und auf einem Kuchenrost erkalten lassen.

3 Die Waffeln mit Ahornsirup oder Honig servieren.

Kokos-Ananas-Waffeltorte

5 Waffeln ≙ 1 Torte
Zubereitungs- und Backzeit: etwa 60 Min., ohne Kühlzeit

Insgesamt:
E: 53 g, F: 246 g, Kh: 365 g, kJ: 16305, kcal: 3891

Für den Rührteig:
- **100 g Butter oder Margarine**
- **100 g Zucker, 1 Prise Salz**
- **1 Pck. Vanillin-Zucker**
- **abgeriebene Schale von ½ Zitrone oder Orange (unbehandelt)**
- **2 Eier (Größe M)**
- **175 g Weizenmehl**
- **1 gestr. TL Backpulver**
- **75 g Kokosraspel**
- **150 g Kokosjoghurt**

Zum Bestreuen:
- **25 g Kokosraspel**

Für die Füllung:
- **1 Dose Ananasstücke (Abtropfgewicht 265 g)**
- **Ananassaft aus der Dose**
- **1 Pck. Tortenguss, klar**
- **250 ml (¼ l) Schlagsahne**
- **1 Pck. Sahnesteif**
- **1 TL Zucker**
- **1 Pck. Vanillin-Zucker**

Zum Garnieren und Bestäuben:
- **Puderzucker**

1 Für den Teig Butter oder Margarine mit Handrührgerät mit Rührbesen auf höchster Stufe geschmeidig rühren. Nach und nach Zucker, Salz, Vanillin-Zucker und Zitronen- oder Orangenschale unterrühren. So lange rühren, bis eine gebundene Masse entstanden ist. Eier nach und nach unterrühren (jedes Ei etwa ½ Minute). Mehl mit Backpulver mischen, sieben und portionsweise abwechselnd mit Kokosraspeln und Joghurt auf mittlerer Stufe unterrühren.

2 Waffeleisen erhitzen und evtl. leicht fetten. Je Waffel 1 Teelöffel Kokosraspel in das Waffeleisen streuen, 2–3 Esslöffel Teig in das Waffeleisen geben und etwas verteilen. Die Waffeln goldbraun backen, anschließend herausnehmen und auf einem Kuchenrost erkalten lassen. Der Teig ergibt 5 Waffeln.

3 Für die Füllung Ananasstücke in einem Sieb abtropfen lassen, den Saft dabei auffangen und mit Wasser auf knapp 250 ml (¼ l) ergänzen. Ananasstücke etwas kleiner schneiden. Tortenguss mit der Ananassaft-Wasser-Mischung nach Packungsanleitung zubereiten. Die Ananasstücke dazugeben, verrühren und etwas abkühlen lassen. Einige Ananasstücke zum Garnieren aus dem Tortenguss nehmen und beiseite legen.

4 Jeweils 2–3 Esslöffel der Ananasmasse auf 3 Waffeln geben, verteilen und erkalten lassen. Sahne mit Sahnesteif, Zucker und Vanillin-Zucker steif schlagen und in einen Spritzbeutel mit Sterntülle füllen.

5 Eine belegte Waffel auf eine Tortenplatte legen, am Rand Sahnetuffs aufspritzen, die zweite belegte Waffel darauf legen, den Rand wieder mit Sahnetuffs bespritzen. Eine unbelegte Waffel darauf legen und die Fläche mit Sahne bespritzen, die letzte belegte Waffel darauf legen und mit der restlichen Sahne verzieren.

6 Die letzte Waffel in Herzen zerteilen und fächerartig in die Sahne stellen. Die Torte etwa 1 Stunde kalt stellen und vor dem Servieren mit den Ananasstücken garnieren und mit Puderzucker bestäuben.

Coca-Cola-Waffeln*

Foto
8 Stück
Zubereitungs- und Backzeit: etwa 45 Min.

Insgesamt:
E: 64 g, F: 233 g, Kh: 431 g, kJ: 17024, kcal: 4065

Für den All-in-Teig:

- **300 g Weizenmehl**
- **15 g Kakaopulver**
- **½ gestr. TL Natron**
- **150 g brauner Zucker (Kandisfarin)**
- **1 Pck. Bourbon-Vanille-Zucker**
- **3 Eier (Größe M)**
- **175 ml Speiseöl**
- **100 ml Coca-Cola**
- **75 ml (6 EL) Orangensaft**

Für den Guss:

- **100 g Zartbitterschokolade**

1 Für den Teig Mehl mit Kakao und Natron mischen und in eine Rührschüssel sieben. Restliche Zutaten hinzufügen und alles mit Handrührgerät mit Rührbesen auf höchster Stufe in etwa 2 Minuten zu einem Teig verarbeiten.

2 Waffeleisen erhitzen und evtl. leicht fetten. Je Waffel gut 2 Esslöffel Teig in das Waffeleisen geben und etwas verteilen. Die Waffeln knusprig backen, anschließend herausnehmen und auf einem Kuchenrost erkalten lassen.

3 Für den Guss Schokolade in einem kleinen Topf im Wasserbad bei schwacher Hitze geschmeidig rühren. Guss in ein Papiertütchen oder einen kleinen Gefrierbeutel füllen und die Spitze abschneiden. Die Waffeln in Herzen teilen und die einzelnen Waffelherzen damit verzieren. Die Schokolade fest werden lassen.

* Rezept nicht durch Coca-Cola autorisiert.

Sahnewaffeln

8–10 Stück
Zubereitungs- und Backzeit: etwa 40 Min.

Insgesamt:
E: 54 g, F: 300 g, Kh: 317 g, kJ: 17476, kcal: 4173

Für den Rührteig:

- **4 Eiweiß (Größe M)**
- **250 g Butter oder Margarine**
- **100 g Zucker**
- **1 Pck. Vanillin-Zucker**
- **4 Eigelb (Größe M)**
- **175 g Weizenmehl**
- **75 g Speisestärke**
- **2 gestr. TL Backpulver**
- **200 ml Schlagsahne**

1 Für den Teig Eiweiß sehr steif schlagen. Butter oder Margarine mit Handrührgerät mit Rührbesen auf höchster Stufe geschmeidig rühren. Nach und nach Zucker und Vanillin-Zucker unterrühren. So lange rühren, bis eine gebundene Masse entstanden ist. Eigelb nach und nach unterrühren. Mehl mit Speisestärke und Backpulver mischen und abwechselnd mit der Sahne unterrühren. Zuletzt Eischnee unterheben.

2 Waffeleisen erhitzen und evtl. leicht fetten. Je Waffel etwa 2 Esslöffel Teig in das Waffeleisen geben und etwas verteilen. Die Waffeln goldbraun backen, anschließend herausnehmen und auf einem Kuchenrost erkalten lassen.

Rotweinwaffeln

8 Stück
Zubereitungs- und Backzeit: etwa 50 Min.

Insgesamt:
E: 75 g, F: 208 g, Kh: 364 g, kJ: 15575, kcal: 3717

Für den Schüttelteig:
- **200 g Weizenmehl**
- **1 gestr. TL Backpulver**
- **½ gestr. TL gemahlener Zimt**
- **1 Msp. gemahlene Nelken**
- **150 g Apfelkraut (Apfeldicksaft)**
- **4 Eier (Größe M)**
- **150 g zerlassene, abgekühlte Butter oder Margarine**
- **100 ml Rotwein**
- **100 g nicht abgezogene, gemahlene Mandeln**

Für die Beilage:
- **3 Orangen**
- **50 ml Rotwein**
- **100 g rotes Johannisbeergelee**
- **3 EL Gelierzucker**

1 Für den Teig Mehl mit Backpulver mischen, in eine verschließbare Schüssel (etwa 3 l) sieben und mit Zimt und Nelken vermengen. Apfelkraut, Eier, Butter oder Margarine und Rotwein hinzufügen und die Schüssel mit dem Deckel fest verschließen.

2 Mehrmals kräftig schütteln (insgesamt 15–30 Sekunden), so dass alle Zutaten gut vermischt sind. Mandeln hinzufügen und alles mit einem Schneebesen oder Rührlöffel nochmals sorgfältig durchrühren, damit trockene Zutaten vom Rand mit untergerührt werden.

3 Waffeleisen erhitzen und evtl. leicht fetten. Je Waffel 2–3 Esslöffel Teig in das Waffeleisen geben und etwas verteilen. Die Waffeln goldbraun backen, anschließend herausnehmen und auf einem Kuchenrost erkalten lassen.

4 Für die Beilage Orangen so schälen, dass die weiße Haut mitentfernt wird und die Orangen filetieren. Den Saft dabei auffangen und die Reste ausdrücken, so dass 50 ml Saft entstehen. Die Orangenfilets halbieren. Orangensaft mit Rotwein, Johannisbeergelee und Gelierzucker in einen Topf geben und unter Rühren etwa 3 Minuten kochen lassen. Die Orangenfilets unterheben und nochmals aufkochen lassen. Die Beilage heiß oder kalt zu den Waffeln reichen.

Tipp:
Dazu geschlagene Sahne reichen. Sie können die Beilage auch mit Tortenguss andicken. Dann 50 ml Orangensaft oder Rotwein zusätzlich verwenden und das Pulver nach Packungsanleitung mit den angegebenen Zutaten ohne Gelierzucker zubereiten.

Kuhfleckenwaffeln

Foto – auch Titel
8 Stück
Zubereitungs- und Backzeit: etwa 40 Min.

Insgesamt:
E: 63 g, F: 143 g, Kh: 355 g, kJ: 12380, kcal: 2956

Für den Rührteig:

- **100 g Kuhflecken-schokolade oder 50 g weiße und 50 g Vollmilchschokolade**
- **100 g Butter oder Margarine**
- **100 g Zucker**
- **1 Pck. Vanillin-Zucker**
- **3 Eier (Größe M)**
- **250 g Weizenmehl**
- **½ gestr. TL Backpulver**
- **200 ml Milch**
- **1 gestr. EL Kakaopulver**

1 Für den Teig Schokolade in einem kleinen Topf im Wasserbad bei schwacher Hitze geschmeidig rühren und abkühlen lassen. Butter oder Margarine mit Handrührgerät mit Rührbesen auf höchster Stufe geschmeidig rühren. Nach und nach Zucker und Vanillin-Zucker unterrühren. So lange rühren, bis eine gebundene Masse entstanden ist.

2 Eier nach und nach unterrühren (jedes Ei etwa ½ Minute). Mehl mit Backpulver mischen, sieben und portionsweise abwechselnd mit der Milch auf mittlerer Stufe unterrühren. Den Teig halbieren und unter eine Hälfte des Teiges die aufgelöste Schokolade und Kakao rühren.

3 Waffeleisen erhitzen und evtl. leicht fetten. Je Waffel von jeder Teighälfte 1–2 Esslöffel in Klecksen im Wechsel in das Waffeleisen geben. Die Waffeln goldbraun backen, anschließend herausnehmen und auf einem Kuchenrost erkalten lassen.

Frühstückswaffeln

6 Stück
Zubereitungs- und Backzeit: etwa 40 Min.

Insgesamt:
E: 46 g, F: 104 g, Kh: 344 g, kJ: 10664, kcal: 2546

Für den Hefeteig:

- **225 g Weizenmehl (Type 550)**
- **1 Pck. Hefeteig Garant**
- **1 Prise Salz**
- **2 Eier (Größe M)**
- **75 g zerlassene, abgekühlte Butter**
- **4 EL Schlagsahne oder Milch**
- **225 g Aprikosenkonfitüre**

Außerdem:

- **Butter**
- **Konfitüre**
- **Speisequark**
- **Honig**

1 Für den Teig Mehl in eine Rührschüssel sieben und sorgfältig mit Hefeteig Garant mischen. Salz, Eier, Butter oder Margarine, Schlagsahne und Konfitüre hinzufügen und die Zutaten mit Handrührgerät mit Rührbesen zunächst auf niedrigster, dann auf höchster Stufe gut verrühren. Den Teig etwa 15 Minuten ruhen lassen.

(Fortsetzung Seite 32)

2 Waffeleisen erhitzen und evtl. leicht fetten. Je Waffel etwa 3 Esslöffel Teig in das Waffeleisen geben und etwas verteilen. Die Waffeln goldbraun backen, anschließend herausnehmen und auf einem Kuchenrost erkalten lassen.

3 Die Waffeln mit Butter, Konfitüre, Quark und Honig zum Frühstück servieren.

Lebkuchenwaffeln

12 Stück
Zubereitungs- und Backzeit: etwa 40 Min.

Insgesamt:
E: 76 g, F: 163 g, Kh: 476 g, kJ: 15341, kcal: 3663

Für den Rührteig:
- **150 g Butter oder Margarine**
- **50 g flüssiger Honig**
- **150 g Zucker**
- **1 Pck. Vanillin-Zucker**
- **3 gestr. TL Lebkuchengewürz**
- **1 Prise Salz**
- **4 Eier (Größe M)**
- **350 g Weizenmehl**
- **4 gestr. TL Backpulver**
- **250 ml (1/4 l) Milch**

Zum Bestäuben:
- **etwas Puderzucker**

1 Für den Teig Butter oder Margarine mit Handrührgerät mit Rührbesen auf höchster Stufe geschmeidig rühren. Nach und nach Honig, Zucker, Vanillin-Zucker, Lebkuchengewürz und Salz unterrühren. Eier nach und nach unterrühren (jedes Ei etwa 1/2 Minute).

2 Mehl mit Backpulver mischen, sieben und portionsweise abwechselnd mit der Milch auf mittlerer Stufe unterrühren.

3 Das Waffeleisen erhitzen und evtl. leicht fetten. Je Waffel etwa 2 Esslöffel Teig in das Waffeleisen füllen und etwas verteilen. Die Waffeln goldbraun backen, anschließend herausnehmen, einzeln auf einem Kuchenrost erkalten lassen und mit Puderzucker bestäubt servieren.

Variante:
Zusätzlich 1 Päckchen Finesse Orangenfrucht und 25 g Kakaopulver unter den Teig rühren. Dann die Waffeln mit Orangenfilets und steif geschlagener Sahne servieren.

Tipp:
Die noch warmen Waffeln mit einer Kugel Walnusseis und warmen Zimtpflaumen servieren.

Ostfriesische Waffeltorte

Foto
6 Waffeln ≙ 2 Torten
Zubereitungs- und Backzeit:
etwa 60 Min., ohne Abkühlzeit

Insgesamt:
E: 68 g, F: 239 g, Kh: 475 g,
kJ: 17990, kcal: 4306

Für den Rührteig:
- **2 Becher (je 150 g) Crème fraîche**
- **75 g Grümmel (zerstoßener Kandiszucker)**
- **1 Pck. Bourbon-Vanille-Zucker**
- **1 Prise Salz**
- **3 Eier (Größe M)**
- **250 g Weizenmehl**
- **1 gestr. TL Backpulver**

Für die Füllung:
- **400 ml Schlagsahne**
- **2 Pck. Sahnesteif**
- **1 Pck. Bourbon-Vanille-Zucker**
- **350 g Pflaumenmus**

1 Für den Teig Crème fraîche in eine Rührschüssel geben und mit Handrührgerät mit Rührbesen nach und nach Grümmel, Vanille-Zucker und Salz unterrühren. So lange rühren, bis eine gebundene Masse entstanden ist.

2 Eier nach und nach unterrühren (jedes Ei etwa ½ Minute). Mehl mit Backpulver mischen, sieben und portionsweise auf mittlerer Stufe unterrühren.

3 Das Waffeleisen erhitzen und evtl. leicht fetten. Je Waffel etwa 2 Esslöffel Teig in das Waffeleisen füllen und etwas verteilen. 6 goldbraune Waffeln daraus backen, anschließend herausnehmen und einzeln auf einem Kuchenrost erkalten lassen.

4 Für die Füllung Sahne mit Sahnesteif und Vanille-Zucker steif schlagen. 4 der Waffeln zuerst mit Pflaumenmus, dann mit der steif geschlagenen Sahne bestreichen. Jeweils 2 bestrichene Waffeln mit je 1 unbestrichenen Waffel so zu je einer Torte zusammensetzen, dass die Herzen übereinander liegen. Die Torten bis zum Servieren kalt stellen.

Eierlikörwaffeln

10 Stück
Zubereitungs- und Backzeit:
etwa 50 Min.

Insgesamt:
E: 36 g, F: 179 g, Kh: 339 g,
kJ: 13517, kcal: 3227

Für den Teig:
- **3 Eier (Größe M)**
- **150 g Puderzucker**
- **2 Pck. Vanillin-Zucker**
- **150 ml Speiseöl**
- **150 ml Eierlikör**
- **75 g Weizenmehl**
- **75 g Speisestärke**
- **2 gestr. TL Backpulver**

Zum Bestäuben:
- **Puderzucker**

(Fortsetzung Seite 36)

1 Für den Teig Eier mit Puderzucker und Vanillin-Zucker mit Handrührgerät mit Rührbesen auf höchster Stufe in 1 Minute schaumig schlagen. Öl und Eierlikör kurz unterrühren.

2 Mehl mit Speisestärke und Backpulver mischen, sieben und portionsweise auf mittlerer Stufe unterrühren.

3 Waffeleisen erhitzen und evtl. leicht fetten. Je Waffel etwa 2 Esslöffel Teig in das Waffeleisen geben und etwas verteilen. Die Waffeln goldbraun backen, anschließend herausnehmen und auf einem Kuchenrost erkalten lassen.

4 Zum Servieren die Waffeln mit Puderzucker bestäuben.

Tipp:
Zu den Waffeln schmeckt eine Schoko-Sahne. Dazu 250 ml (1/4 l) Sahne steif schlagen und 1 Esslöffel Kakaogetränkepulver unterrühren.

Amarettini-Waffeln

7 Stück
Zubereitungs- und Backzeit: etwa 40 Min., ohne Abkühlzeit

Insgesamt:
E: 48 g, F: 108 g, Kh: 334 g, kJ: 10471, kcal: 2492

Für den Rührteig:
- **150 g Amarettini (ital. Mandelmakronen)**
- **2 TL (4 g) Instant-Kaffeepulver**
- **125 ml (1/8 l) heißes Wasser**
- **100 g Butter oder Margarine**
- **50 g Zucker**
- **1 Pck. Bourbon-Vanille-Zucker**
- **3 Eier (Größe M)**
- **150 g Weizenmehl**

Zum Bestreuen :
- **40 g Hagelzucker**

1 Für den Teig Amarettini in einen großen Gefrierbeutel geben, ihn verschließen und das Gebäck mit einer Teigrolle zerkleinern. Kaffeepulver im Wasser unter Rühren auflösen und abkühlen lassen.

2 Butter oder Margarine mit Handrührgerät mit Rührbesen auf höchster Stufe geschmeidig rühren. Nach und nach Zucker und Vanille-Zucker unterrühren. So lange rühren, bis eine gebundene Masse entstanden ist.

3 Eier nach und nach unterrühren (jedes Ei etwa 1/2 Minute). Mehl sieben und portionsweise abwechselnd mit den Amarettini-Bröseln und dem Kaffee auf mittlerer Stufe unterrühren.

4 Waffeleisen erhitzen und evtl. leicht fetten. Je Waffel etwas Hagelzucker in das Waffeleisen streuen, 2–3 Esslöffel Teig darauf geben und etwas verteilen. Die Waffeln goldbraun backen, anschließend herausnehmen und auf einem Kuchenrost erkalten lassen.

Tipp:
Dazu Cappuccino oder Latte Macchiato reichen.

Power-Waffeln

5 Stück
Zubereitungs- und Backzeit: etwa 45 Min.

Insgesamt:
E: 53 g, F: 253 g, Kh: 318 g, kJ: 15872, kcal: 3786

Für den Rührteig:
- **150 g Butter oder Margarine**
- **100 g Zucker**
- **3 Eier (Größe M)**
- **125 g Weizenmehl (Type 550)**
- **100 ml Trinkjoghurt Orange-Geschmack**

Für den Belag:
- **1 kleine Dose Fruchtcocktail (Abtropfgewicht 250 g)**
- **75 ml Fruchtcocktailsaft**
- **1 Pck. Quarkfein Zitrone (Dessertpulver)**
- **100 ml Trinkjoghurt Orange-Geschmack**
- **250 g Mascarpone (ital. Frischkäse)**

1 Für den Teig Butter oder Margarine mit Handrührgerät mit Rührbesen auf höchster Stufe geschmeidig rühren. Nach und nach Zucker unterrühren. So lange rühren, bis eine gebundene Masse entstanden ist.

2 Eier nach und nach unterrühren (jedes Ei etwa 1/2 Minute). Mehl sieben und portionsweise abwechselnd mit dem Trinkjoghurt auf mittlerer Stufe unterrühren.

3 Waffeleisen erhitzen und evtl. leicht fetten. Je Waffel 2–3 Esslöffel Teig in das Waffeleisen geben und etwas verteilen. Die Waffeln goldbraun backen, anschließend herausnehmen und auf einem Kuchenrost erkalten lassen.

4 Für den Belag die Waffeln auf eine Platte legen. Fruchtcocktail in einem Sieb abtropfen lassen, Saft dabei auffangen und 75 ml davon abmessen. Quarkfein nach Packungsanleitung, aber nur mit 75 ml Fruchtcocktailsaft zubereiten und Mascarpone und Trinkjoghurt unterrühren. Die Creme in einen Spritzbeutel mit Sterntülle geben und die Ränder jeder Waffel damit verzieren. Fruchtcocktail in die Mitte geben und die Waffeln servieren.

Tipp:
Anstelle von Trinkjoghurt können Sie auch Fruchtbuttermilch verwenden.

Bergische Waffeln

Foto
8–10 Stück
Zubereitungs- und Backzeit: etwa 50 Min.

Insgesamt:
E: 47 g, F: 120 g, Kh: 301 g, kJ: 10314, kcal: 2463

Für den Rührteig:
- **125 g Butter oder Margarine, 75 g Zucker**
- **1 Pck. Vanillin-Zucker**
- **2 Eier (Größe M)**
- **250 g Weizenmehl**
- **½ gestr. TL Backpulver**
- **180 ml Buttermilch**
- **2 EL flüssiger Honig**

Zum Bestäuben:
- **Puderzucker**

1 Für den Teig Butter oder Margarine mit Handrührgerät mit Rührbesen auf höchster Stufe geschmeidig rühren. Nach und nach Zucker und Vanillin-Zucker unter Rühren hinzufügen. So lange rühren, bis eine gebundene Masse entstanden ist. Eier nach und nach unterrühren (jedes Ei etwa ½ Minute).

2 Mehl mit Backpulver mischen, sieben und portionsweise abwechselnd mit der Buttermilch auf mittlerer Stufe unterrühren, anschließend den Honig kurz unterrühren.

3 Das Waffeleisen erhitzen und evtl. leicht fetten. Je Waffel etwa 2 Esslöffel Teig in das Waffeleisen füllen und etwas verteilen. Die Waffeln goldbraun backen, anschließend herausnehmen, einzeln auf einem Kuchenrost erkalten lassen und zum Servieren mit Puderzucker bestäuben.

Tipp:
Die Bergischen Waffeln werden traditionell mit Sauerkirschen oder Pflaumen, Milchreis und geschlagener Sahne sowie mit Schwarzbrot serviert.

Frischkäsewaffeln mit Kompott

7 Stück
Zubereitungs- und Backzeit: etwa 50 Min.

Insgesamt:
E: 62 g, F: 123 g, Kh: 352 g, kJ: 11736, kcal: 2805

Für das Birnenkompott:
- **500 g Birnen**
- **1–2 EL Zitronensaft**
- **75 ml Weißwein**
- **100 g Zucker**
- **1 Stück Stangenzimt**
- **nach Belieben 1 EL rosa Pfefferbeeren**

Für den Rührteig:
- **75 g Butter oder Margarine**
- **200 g Frischkäse mit Joghurt**
- **75 g Zucker**
- **1 Pck. Vanillin-Zucker**
- **abgeriebene Schale von ½ Zitrone (unbehandelt)**
- **3 Eier (Größe M)**
- **150 g Weizenmehl**
- **150 g Naturjoghurt (3,5 %)**

(Fortsetzung Seite 42

1 Für das Birnenkompott die Birnen schälen, vierteln und das Kerngehäuse entfernen. Das Fruchtfleisch fein würfeln und mit Zitronensaft beträufeln. Weißwein mit Zucker und Stangenzimt in einem Topf zum Kochen bringen, die Birnenwürfel hinzugeben und alles etwa 3 Minuten bei schwacher Hitze kochen lassen. Stangenzimt entfernen. Zum Schluss evtl. die Beeren dazugeben und alles erkalten lassen.

2 Für den Teig Butter oder Margarine mit Handrührgerät mit Rührbesen auf höchster Stufe geschmeidig rühren. Frischkäse unterrühren. Nach und nach Zucker, Vanillin-Zucker und Zitronenschale unterrühren, bis eine gebundene Masse entstanden ist. Eier nach und nach unterrühren (jedes Ei etwa ½ Minute). Mehl sieben und portionsweise abwechselnd mit dem Joghurt auf mittlerer Stufe unterrühren.

3 Waffeleisen erhitzen und evtl. leicht fetten. Je Waffel 2–3 Esslöffel Teig in das Waffeleisen geben und etwas verteilen. Die Waffeln goldbraun backen, anschließend herausnehmen und auf einem Kuchenrost erkalten lassen.

4 Das Birnenkompott zu den Waffeln reichen.

Quarkwaffeln

Foto oben
10 Stück
Zubereitungs- und Backzeit: etwa 45 Min.

Insgesamt:
E: 63 g, F: 127 g, Kh: 273 g, kJ: 10439, kcal: 2492

Für den Rührteig:
- **125 g Butter oder Margarine**
- **100 g Zucker**
- **1 Pck. Vanillin-Zucker**
- **3 Eier (Größe M)**
- **abgeriebene Schale von 1 Zitrone (unbehandelt) oder 1 Pck. Finesse Geriebene Zitronenschale**
- **125 g Magerquark**
- **200 g Weizenmehl**
- **1½ gestr. TL Backpulver**
- **75 ml (6 EL) Milch**

Zum Bestäuben:
- **Puderzucker**

1 Für den Teig Butter oder Margarine mit Handrührgerät mit Rührbesen geschmeidig rühren. Nach und nach Zucker und Vanillin-Zucker unterrühren. So lange rühren, bis eine gebundene Masse entstanden ist.

2 Eier nach und nach unterrühren (jedes Ei etwa ½ Minute). Zitronenschale und Quark unterrühren. Mehl mit Backpulver mischen, sieben und portionsweise abwechselnd mit der Milch auf mittlerer Stufe unterrühren.

3 Das Waffeleisen erhitzen und evtl. leicht fetten. Je Waffel etwa 2 Esslöffel Teig in das Waffeleisen füllen. Die Waffeln goldbraun backen, anschließend herausnehmen, auf einem Kuchenrost erkalten lassen und mit Puderzucker bestäubt servieren.

Variante:
Für Quarkwaffeln mit Rosinen (Foto unten) einfach 50–75 g Rosinen unter den fertigen Teig heben und mitbacken.

Gefüllte Waffelspiesse

6 Waffeln ≙ 15 Stück
Zubereitungs- und Backzeit: etwa 50 Min.

Insgesamt:
E: 66 g, F: 272 g, Kh: 465 g, kJ: 19093, kcal: 4567

Für den Rührteig:

- **150 g Butter oder Margarine**
- **100 g Zucker**
- **2 Pck. Vanillin-Zucker**
- **3 Eier (Größe M)**
- **175 g Weizenmehl**
- **25 g Speisestärke**
- **1 gestr. TL Backpulver**
- **2 EL Schlagsahne**

Für die Füllung:

- **175 g Nuss-Nougat**
- **40 g abgezogene, gehackte Mandeln**

- **15 Holzspieße**

Für den Guss:

- **150 g Vollmilch-Kuvertüre**
- **1 EL Speiseöl**

1 Für den Teig Butter oder Margarine mit Handrührgerät mit Rührbesen auf höchster Stufe geschmeidig rühren. Nach und nach Zucker und Vanillin-Zucker unterrühren. So lange rühren, bis eine gebundene Masse entstanden ist.

2 Eier nach und nach unterrühren (jedes Ei etwa 1/2 Minute). Mehl mit Speisestärke und Backpulver mischen, sieben und portionsweise abwechselnd mit der Schlagsahne auf mittlerer Stufe unterrühren.

3 Waffeleisen erhitzen und evtl. leicht fetten. Je Waffel 2–3 Esslöffel Teig in das Waffeleisen geben und etwas verteilen. Die Waffeln goldbraun backen, anschließend herausnehmen und auf einem Kuchenrost erkalten lassen. Der Teig ergibt 6 Waffeln.

4 Für die Füllung Nougat im Wasserbad bei schwacher Hitze geschmeidig rühren und Mandeln unterrühren. Die Waffeln in Herzen zerteilen. Auf die Hälfte der Waffelherzen je 1 gehäuften Teelöffel Nougatmasse geben und verteilen. Je einen Spieß darauf legen, mit je einem unbestrichenen Waffelherz bedecken und etwas andrücken. Die Waffelspieße kalt stellen, bis die Nougatmasse fest geworden ist.

5 Für den Guss Kuvertüre mit Speiseöl im Wasserbad bei schwacher Hitze geschmeidig rühren. Je einen Herzspieß mit der breiten Seite zu einem Drittel in die Kuvertüre tauchen und auf einem Kuchenrost fest werden lassen. Die Waffelspieße nach Belieben mit der restlichen Kuvertüre besprenkeln.

Tipp:
Statt Mandeln können auch gehackte Haselnusskerne verwendet werden. Die in Kuvertüre getauchten Waffelspieße mit abgezogenen, gehackten Mandeln bestreuen.

Spekulatiuswaffeln

Foto
7 Stück
Zubereitungs- und Backzeit: etwa 30 Min.

Insgesamt:
E: 79 g, F: 210 g, Kh: 235 g, kJ: 13142, kcal: 3137

Für den All-in-Teig:

- **200 g Gewürzspekulatius**
- **75 g Weizenmehl**
- **½ gestr. TL Backpulver**
- **50 g abgezogene, gemahlene Mandeln**
- **75 g weiche Butter oder Margarine**
- **75 g flüssiger Honig**
- **4 Eier (Größe M)**
- **100 ml Milch**

Zum Bestreuen:

- **75 g abgezogene, gehobelte Mandeln**

1 Für den Teig Spekulatius in einen Gefrierbeutel geben, ihn verschließen und das Gebäck mit einer Teigrolle zerkleinern. Mehl mit Backpulver mischen und in eine Rührschüssel sieben. Restliche Zutaten und die Spekulatiusbrösel hinzufügen und alles mit Handrührgerät mit Rührbesen zunächst auf niedrigster, dann auf höchster Stufe in etwa 2 Minuten zu einem Teig verarbeiten.

2 Waffeleisen erhitzen und evtl. leicht fetten. Je Waffel 1 Esslöffel Mandeln in das Waffeleisen streuen und 2 Esslöffel Teig vorsichtig darauf verteilen. Die Waffeln goldbraun backen, anschließend herausnehmen und auf einem Kuchenrost erkalten lassen.

Tipp:
Zum Servieren nach Belieben 1 Kugel Walnusseis auf Teller geben, je 1 Waffel in Herzen teilen, an die Kugel legen und mit Kakao-Puderzucker-Gemisch bestäuben.
Die Waffeln schmecken, in einer gut schließenden Dose aufbewahrt, auch nach einigen Tagen noch gut.

Marzipan-Sahne-Waffeln

10–12 Stück
Zubereitungs- und Backzeit: etwa 50 Min.

Insgesamt:
E: 63 g, F: 213 g, Kh: 375 g, kJ: 15301, kcal: 3654

Für den Rührteig:

- **100 g Marzipan-Rohmasse**
- **150 g Butter oder Margarine**
- **150 g Zucker**
- **1 Pck. Finesse Geriebene Zitronenschale**
- **3 Eier (Größe M)**
- **250 g Weizenmehl**
- **2 gestr. TL Backpulver**
- **100 ml Schlagsahne**

1 Für den Teig Marzipan in kleine Stücke schneiden und mit Butter oder Margarine mit Handrührgerät mit Rührbesen auf höchster Stufe geschmeidig rühren. Zucker und Zitronenschale unterrühren. So lange rühren, bis eine gebundene Masse entstanden ist.

(Fortsetzung Seite 48)

2 Eier nach und nach unterrühren (jedes Ei etwa ½ Minute). Mehl mit Backpulver mischen, sieben und portionsweise abwechselnd mit der Sahne auf mittlerer Stufe unterrühren.

3 Das Waffeleisen erhitzen und evtl. leicht fetten. Je Waffel etwa 2 Esslöffel Teig in das Waffeleisen füllen und etwas verteilen. Die Waffeln goldbraun backen, anschließend herausnehmen und einzeln auf einem Kuchenrost erkalten lassen.

Früchtemüsliwaffeln mit Obstsalat

6 Stück
Zubereitungs- und Backzeit: etwa 60 Min.

Insgesamt:
E: 82 g, F: 155 g, Kh: 487 g, kJ: 15558, kcal: 3705

Für den Rührteig:
- **125 g Butter oder Margarine**
- **100 g brauner Zucker (Kandisfarin)**
- **1 Pck. Bourbon-Vanille-Zucker**
- **3 Eier (Größe M)**
- **150 g Weizenmehl**
- **1 gestr. TL Backpulver**
- **150 g Früchtemüsli**
- **150 g Naturjoghurt (3,5 %)**

Zum Bestreuen:
- **40 g Früchtemüsli**

Für den Obstsalat:
- **500 g gemischtes Obst nach Wahl, z. B. Äpfel, Birnen, Kiwis, Orangen, Pflaumen, Bananen**
- **4–5 EL Multivitaminsaft**

Außerdem:
- **500 g Vanillejoghurt**

1 Für den Teig Butter oder Margarine mit Handrührgerät mit Rührbesen auf höchster Stufe geschmeidig rühren. Nach und nach Zucker und Vanille-Zucker unterrühren. So lange rühren, bis eine gebundene Masse entstanden ist.

2 Eier nach und nach unterrühren (jedes Ei etwa ½ Minute). Mehl mit Backpulver mischen, sieben und portionsweise abwechselnd mit Früchtemüsli und Joghurt auf mittlerer Stufe unterrühren.

3 Waffeleisen erhitzen und evtl. leicht fetten. Je Waffel etwas Früchtemüsli in das Waffeleisen streuen, 3 Esslöffel Teig darauf geben und vorsichtig etwas verteilen. Die Waffeln goldbraun backen, anschließend herausnehmen und auf einem Kuchenrost erkalten lassen.

4 Für den Obstsalat Äpfel oder Birnen waschen, abtrocknen, vierteln, Kerngehäuse entfernen, nach Belieben schälen und in dünne Spalten schneiden. Kiwis schälen und in Scheiben schneiden. Orangen so schälen, dass die weiße Haut mitentfernt wird und filetieren. Pflaumen waschen, abtrocknen, entsteinen und in Achtel schneiden. Bananen schälen und in Scheiben schneiden.

5 Das Obst in eine Schüssel geben und mit dem Saft vermischen. Obstsalat und Joghurt zu den Waffeln reichen.

Schoko-Waffeltorte

5 Waffeln ≙ 1 Torte
Zubereitungs- und Backzeit:
etwa 45 Min., ohne Kühlzeit

Insgesamt:
E: 70 g, F: 229 g, Kh: 388 g,
kJ: 16303, kcal: 3894

Für den Rührteig:
- **100 g Butter oder Margarine**
- **100 g Zucker**
- **1 Prise Salz**
- **1 Pck. Vanillin-Zucker**
- **2 Eier (Größe M)**
- **175 g Weizenmehl**
- **1 gestr. EL Kakaopulver**
- **1 gestr. TL Backpulver**
- **75 g Zartbitter-Raspelschokolade**
- **100 ml Kakaogetränk**

Für die Füllung:
- **4 Blatt Gelatine, weiß**
- **200 ml Schlagsahne**
- **500 g Schokoladen-Sahne-Pudding aus dem Kühlregal**

Zum Bestäuben:
- **Puderzucker**

1 Für den Teig Butter oder Margarine mit Handrührgerät mit Rührbesen auf höchster Stufe geschmeidig rühren. Nach und nach Zucker, Salz und Vanillin-Zucker unterrühren. So lange rühren, bis eine gebundene Masse entstanden ist. Eier nach und nach unterrühren (jedes Ei etwa ½ Minute).

2 Mehl mit Kakaopulver und Backpulver mischen, sieben und portionsweise abwechselnd mit Raspelschokolade und Kakaogetränk auf mittlerer Stufe unterrühren.

3 Waffeleisen erhitzen und evtl. leicht fetten. Je Waffel etwa 3 Esslöffel Teig in das Waffeleisen geben und etwas verteilen. Die Waffeln knusprig backen, anschließend herausnehmen und auf einem Kuchenrost erkalten lassen. Der Teig ergibt 5 Waffeln.

4 Für die Füllung Gelatine einweichen. Sahne steif schlagen. Gelatine leicht ausdrücken, auflösen und mit etwas von dem Pudding verrühren, dann mit dem restlichen Pudding verrühren. Die Puddingmasse unter die Sahne heben.

5 Eine Waffel auf eine Tortenplatte legen. Gut 3 Esslöffel von der Schokoladensahne auf die Waffel streichen, die zweite und dritte Waffel ebenso darauf legen und bestreichen. Die vierte Waffel auflegen und die restliche Schokoladensahne in dicken Klecksen auftragen. Die Torte etwa 2 Stunden kalt stellen.

6 Die letzte Waffel in 5 Herzen zerteilen, die Herzen fächerartig in die Schokomasse stellen und kurz vor dem Servieren die Torte nach Belieben mit Puderzucker bestäuben.

Tipp:
Belegen Sie die einzelnen Schichten mit Mandarinenspalten aus der Dose (Abtropfgewicht 175 g).
Sie können den Schokoladenpudding auch selbst zubereiten. Dazu Pudding-Pulver mit 75 g Zucker mischen und mit 50 ml Milch anrühren. 200 ml Milch mit 200 ml Schlagsahne in einem Topf zum Kochen bringen. Angerührtes Pudding-Pulver einrühren und unter Rühren aufkochen lassen. Gelatine einweichen und in dem noch heißen Pudding unter Rühren auflösen. Das erspart das Auflösen in einem Topf und das Angleichen der Gelatine mit Pudding. Pudding erkalten lassen, dabei gelegentlich umrühren. 200 ml Sahne steif schlagen und unterheben.

Bounty-Waffeln

Foto
8 Stück
Zubereitungs- und Backzeit: etwa 40 Min.

Insgesamt:
E: 76 g, F: 286 g, Kh: 411 g, kJ: 18921, kcal: 4519

Für den Rührteig:
- **100 g Butter oder Margarine**
- **100 g flüssiger Honig**
- **4 Eier (Größe M)**
- **250 g Weizenmehl**
- **½ gestr. TL Backpulver**
- **50 g Kokosraspel**
- **125 ml (⅛ l) Schlagsahne oder Milch**
- **6 Bounty-Riegel (171 g)**

Für die Beilage:
- **200 ml Schlagsahne**
- **1 Pck. Sahnesteif**
- **1 TL Zucker**
- **2 Bounty-Riegel (57 g)**

1 Für den Teig Butter oder Margarine mit Handrührgerät mit Rührbesen auf höchster Stufe geschmeidig rühren. Nach und nach den Honig unterrühren. So lange rühren, bis eine gebundene Masse entstanden ist.

2 Eier nach und nach unterrühren (jedes Ei etwa ½ Minute). Mehl mit Backpulver mischen, sieben und portionsweise abwechselnd mit den Kokosraspeln und Schlagsahne oder Milch auf mittlerer Stufe unterrühren. Zuletzt die Bounty-Riegel in feine Würfel schneiden und unter den Teig heben.

3 Waffeleisen erhitzen und evtl. leicht fetten. Je Waffel 2–3 Esslöffel Teig in das Waffeleisen geben und etwas verteilen. Die Waffeln goldbraun backen, anschließend herausnehmen und auf einem Kuchenrost erkalten lassen.

4 Für die Beilage Sahne mit Sahnesteif und Zucker steif schlagen, die Bounty-Riegel in feine Würfel schneiden, unter die Sahne heben und zu den Waffeln reichen.

Tipp:
Die Bounty-Riegel lassen sich besonders gut schneiden, wenn sie vorher eine Weile im Kühlschrank lagern.

Nuss-Orangen-Waffeln

10–12 Stück
Zubereitungs- und Backzeit: etwa 40 Min.

Insgesamt:
E: 71 g, F: 239 g, Kh: 403 g, kJ: 16845, kcal: 4023

Für den Rührteig:
- **150 g gemahlene Haselnusskerne**
- **150 g Butter oder Margarine**
- **150 g Zucker**
- **1 Pck. Finesse Orangenfrucht**
- **3 Eier (Größe M)**
- **275 g Weizenmehl**
- **25 g Speisestärke**
- **3 gestr. TL Backpulver**
- **125 ml (⅛ l) Orangensaft**

1 Für den Teig Haselnusskerne in einer Pfanne ohne Fett leicht bräunen und abkühlen lassen.

(Fortsetzung Seite 54)

2 Butter oder Margarine mit Handrührgerät mit Rührbesen auf höchster Stufe geschmeidig rühren. Nach und nach Zucker und Orangenfrucht unterrühren. So lange rühren, bis eine gebundene Masse entstanden ist.

3 Eier nach und nach unterrühren (jedes Ei etwa ½ Minute). Mehl mit Speisestärke und Backpulver mischen, sieben und portionsweise abwechselnd mit dem Orangensaft auf mittlerer Stufe unterrühren. Zuletzt die Nusskerne unterheben.

4 Das Waffeleisen erhitzen und evtl. leicht fetten. Je Waffel etwa 2 Esslöffel Teig in das Waffeleisen füllen und verteilen. Die Waffeln goldbraun backen, anschließend herausnehmen und auf einem Kuchenrost erkalten lassen.

Beschwipste Waffelherzen

8 Waffeln ≙ 20 Stück
Zubereitungs- und Backzeit: etwa 50 Min., ohne Kühlzeit

Insgesamt:
E: 51 g, F: 230 g, Kh: 361 g, kJ: 16107, kcal: 3842

Für den Rührteig:

- **175 g Butter oder Margarine**
- **100 g Puderzucker**
- **abgeriebene Schale von ½ Zitrone (unbehandelt)**
- **3 Eier (Größe M)**
- **175 g Weizenmehl**
- **50 g Speisestärke**
- **1 EL Zitronensaft**
- **100 ml Sekt**

Für die Füllung:

- **1 Pck. Aranca Zitronen-Geschmack (Dessertpulver)**
- **100 ml Sekt**
- **100 ml Wasser**
- **200 ml Schlagsahne**

Zum Bestäuben:

- **Puderzucker**

1 Für den Teig Butter oder Margarine mit Handrührgerät mit Rührbesen auf höchster Stufe geschmeidig rühren. Nach und nach Puderzucker und Zitronenschale unterrühren, bis eine gebundene Masse entstanden ist.

2 Eier nach und nach unterrühren (jedes Ei etwa ½ Minute). Mehl mit Speisestärke mischen, sieben und portionsweise abwechselnd mit Zitronensaft und Sekt auf mittlerer Stufe unterrühren.

3 Waffeleisen erhitzen und evtl. leicht fetten. Je Waffel etwa 3 Esslöffel Teig in das Waffeleisen geben und etwas verteilen. Die Waffeln goldbraun backen, anschließend herausnehmen und auf einem Kuchenrost erkalten lassen. Der Teig ergibt 8 Waffeln.

4 Für die Füllung Aranca nach Packungsanleitung mit Sekt und Wasser, aber ohne Joghurt zubereiten. Sahne steif schlagen und unterheben. Die Hälfte der Waffeln auf eine Platte legen, die Creme darauf verteilen, mit den restlichen Waffeln so bedecken, dass die Herzen übereinander liegen und die Waffeln etwa 1 Stunde kalt stellen.

5 Kurz vor dem Servieren die Waffeln mit einem Messer in Herzen zerteilen und mit Puderzucker bestäuben.

Tipp:
Verwenden Sie für den Teig und die Creme statt Sekt einfach Apfelsaft. Geben Sie 1 kleine Dose abgetropfte Mandarinenspalten (Abtropfgewicht 175 g) unter die Creme.

Apfelwaffeln

8 Stück
Zubereitungs- und Backzeit: etwa 45 Min.

Insgesamt:
E: 48 g, F: 150 g, Kh: 364 g, kJ: 12553, kcal: 3004

Für den Rührteig:
- **275 g Äpfel (2–3 Stück)**
- **2–3 EL Zitronensaft**
- **1 EL Zucker**
- **100 g Butter oder Margarine**
- **125 g Zucker**
- **1 Pck. Vanillin-Zucker**
- **½ gestr. TL gemahlener Zimt**
- **3 Eier (Größe M)**
- **200 g Weizenmehl**
- **½ gestr. TL Backpulver**
- **75 g Crème fraîche**

Für die Apfelsauce:
- **1 Apfel (etwa 150 g)**
- **1 EL Zitronensaft**
- **25 g Zucker**
- **50 ml Apfelsaft**
- **75 g Crème fraîche**

1 Für den Teig Äpfel schälen, vierteln, entkernen und raspeln. Die Apfelraspel mit Zitronensaft und Zucker mischen und beiseite stellen.

2 Butter oder Margarine mit Handrührgerät mit Rührbesen auf höchster Stufe geschmeidig rühren. Nach und nach Zucker, Vanillin-Zucker und Zimt unterrühren. So lange rühren, bis eine gebundene Masse entstanden ist.

3 Eier nach und nach unterrühren (jedes Ei etwa ½ Minute). Mehl mit Backpulver mischen, sieben und portionsweise abwechselnd mit Crème fraîche auf mittlerer Stufe unterrühren. Zuletzt die Apfelraspel unterrühren.

4 Waffeleisen erhitzen und evtl. leicht fetten. Je Waffel 2–3 Esslöffel Teig in das Waffeleisen geben und etwas verteilen. Die Waffeln goldbraun backen, anschließend herausnehmen und auf einem Kuchenrost erkalten lassen.

5 Für die Sauce den Apfel schälen, vierteln und entkernen. Apfelviertel fein würfeln und mit Zitronensaft mischen. Zucker mit Apfelsaft in einem Topf zum Kochen bringen, die Apfelstücke hinzugeben und etwa 2 Minuten bei schwacher Hitze dünsten lassen. Anschließend Crème fraîche unterrühren und die Sauce heiß oder kalt zu den Waffeln reichen.

Tipp:
Nach Belieben 50–75 g Rosinen oder Korinthen unter den Teig rühren. Statt Crème fraîche kann auch Crème Double verwendet werden.

Milchreiswaffeln mit Roter Grütze

9 Stück
Zubereitungs- und Backzeit: etwa 35 Min.

Insgesamt:
E: 72 g, F: 179 g, Kh: 415 g, kJ: 14966, kcal: 3558

Für den Schüttelteig:
- **150 g Weizenmehl**
- **½ gestr. TL Backpulver**
- **75 g Zucker**
- **abgeriebene Schale von ½ Zitrone (unbehandelt)**
- **3 Eier (Größe M)**
- **125 g zerlassene, abgekühlte Butter oder Margarine**
- **1 Becher (500 g) Milchreis natur (aus dem Kühlregal)**

Zum Bestreuen:
- **75 g abgezogene, gehackte Mandeln**

Für die Füllung:
- **1 Becher (500 g) Rote Grütze (aus dem Kühlregal)**

Zum Garnieren nach Belieben:
- **vorbereitetes Obst, z. B. Himbeeren, Johannisbeeren**
- **etwas Minze**

Zum Bestäuben:
- **Puderzucker**

1 Für den Teig Mehl mit Backpulver mischen, in eine verschließbare Schüssel (etwa 3 l) sieben und mit Zucker und Zitronenschale vermengen. Eier, Butter oder Margarine und Milchreis hinzufügen und die Schüssel mit dem Deckel fest verschließen.

2 Mehrmals kräftig schütteln (insgesamt 15–30 Sekunden), so dass alle Zutaten gut vermischt sind. Alles mit einem Schneebesen oder Rührlöffel nochmals sorgfältig durchrühren, damit trockene Zutaten vom Rand mit untergerührt werden.

3 Waffeleisen erhitzen und evtl. leicht fetten. Je Waffel etwa 1 Esslöffel Mandeln in das Waffeleisen streuen, etwa 3 Esslöffel Teig darauf geben und vorsichtig etwas verteilen. Die Waffeln goldbraun backen, anschließend herausnehmen und auf einem Kuchenrost erkalten lassen.

4 Für die Füllung Waffeln einzeln auf Teller legen, auf eine Waffelhälfte 1–2 Esslöffel Rote Grütze geben und die andere Waffelhälfte darüber klappen.

5 Zum Garnieren die Waffeln nach Belieben mit Obst und Minze belegen und mit Puderzucker bestäuben.

Tipp:
Die Waffeln schmecken auch mit Milchreis Vanille- oder Zimt-Geschmack.
Statt Roter Grütze kann auch Gelbe Grütze genommen werden.

Vollkornwaffeln mit Zuckerrübensirup

Foto
6 Stück
Zubereitungs- und Backzeit: etwa 35 Min., ohne Gehzeit

Insgesamt:
E: 64 g, F: 151 g, Kh: 228 g, kJ: 10641, kcal: 2535

Für den Hefeteig:

- **175 g Weizenvollkornmehl**
- **1 Pck. Trockenhefe**
- **75 g zarte Haferflocken**
- **1 gestr. TL gemahlener Zimt**
- **nach Belieben 1 Msp. Anis**
- **75 g Zuckerrübensirup (Rübenkraut)**
- **2 Eier (Größe M)**
- **75 g zerlassene, abgekühlte Butter oder Margarine**
- **250 g Schmand**
- **75 ml (6 EL) Orangensaft**

Zum Bestreuen nach Belieben:

- **Sonnenblumenkerne, Haferflocken, Sesamsamen**

Außerdem:

- **Zuckerrübensirup**

1 Für den Teig Mehl in eine Rührschüssel geben und mit der Trockenhefe sorgfältig vermischen. Alle übrigen Zutaten dazugeben und mit Handrührgerät mit Rührbesen kurz auf niedrigster, dann auf höchster Stufe in etwa 3 Minuten zu einem Teig verarbeiten. Den Teig zugedeckt an einem warmen Ort so lange stehen lassen, bis er sich sichtbar vergrößert hat.

2 Waffeleisen erhitzen und evtl. leicht fetten. Je Waffel ein paar Sonnenblumenkerne, Haferflocken oder Sesamsamen in das Waffeleisen streuen, etwa 3 Esslöffel Teig darauf geben und vorsichtig etwas verteilen. Die Waffeln goldbraun backen, anschließend herausnehmen und auf einem Kuchenrost erkalten lassen.

3 Die Waffeln mit Zuckerrübensirup servieren.

Orangenwaffeln mit Schokosahne

12 Stück
Zubereitungs- und Backzeit: etwa 40 Min.

Insgesamt:
E: 55 g, F: 184 g, Kh: 316 g, kJ: 13133, kcal: 3135

Für den Rührteig:

- **100 g Butter oder Margarine**
- **100 g Zucker**
- **1 Pck. Vanillin-Zucker**
- **1 Pck. Finesse Orangenfrucht**
- **3 Eier (Größe M)**
- **250 g Weizenmehl**
- **3 gestr. TL Backpulver**
- **100 ml Orangensaft**

Für die Schokosahne:

- **250 ml (1/4 l) Schlagsahne**
- **1 leicht geh. EL Kakaogetränkepulver**

(Fortsetzung Seite 62)

1 Für den Teig Butter oder Margarine mit Handrührgerät mit Rührbesen auf höchster Stufe geschmeidig rühren. Nach und nach Zucker, Vanillin-Zucker und Orangenfrucht hinzufügen. So lange rühren, bis eine gebundene Masse entstanden ist.

2 Eier nach und nach unterrühren (jedes Ei etwa ½ Minute). Mehl mit Backpulver mischen, sieben und portionsweise abwechselnd mit dem Orangensaft auf mittlerer Stufe unterrühren.

3 Das Waffeleisen erhitzen und evtl. leicht fetten. Je Waffel etwa 2 Esslöffel Teig in das Waffeleisen füllen und etwas verteilen. Die Waffeln goldbraun backen, anschließend herausnehmen und einzeln auf einem Kuchenrost erkalten lassen.

4 Für die Schokosahne Sahne steif schlagen, das Kakaogetränkepulver kurz unterrühren und die Sahne zu den Waffeln servieren.

Limettenwaffeln

8 Stück
Zubereitungs- und Backzeit: etwa 45 Min.

Insgesamt:
E: 62 g, F: 231 g, Kh: 379 g, kJ: 16150, kcal: 3855

Für den Rührteig:
- **150 g Butter oder Margarine**
- **150 g Puderzucker**
- **1 Pck. Vanillin-Zucker**
- **abgeriebene Schale von 1 Limette (unbehandelt)**
- **4 Eier (Größe M)**
- **250 g Weizenmehl**
- **½ gestr. TL Backpulver**
- **100 ml Limettensaft (etwa 3 Limetten)**

Für die Beilage:
- **250 ml (¼ l) Schlagsahne**
- **1 Pck. Sahnesteif**
- **1 TL Zucker**
- **2 EL Zitronenmarmelade**

1 Für den Teig Butter oder Margarine mit Handrührgerät mit Rührbesen auf höchster Stufe geschmeidig rühren. Nach und nach Puderzucker, Vanillin-Zucker und Limettenschale unterrühren. So lange rühren, bis eine gebundene Masse entstanden ist.

2 Eier nach und nach unterrühren (jedes Ei etwa ½ Minute). Mehl mit Backpulver mischen, sieben und portionsweise abwechselnd mit dem Limettensaft auf mittlerer Stufe unterrühren.

3 Waffeleisen erhitzen und evtl. leicht fetten. Je Waffel gut 2 Esslöffel Teig in das Waffeleisen geben und etwas verteilen. Die Waffeln goldbraun backen, anschließend herausnehmen und auf einem Kuchenrost erkalten lassen.

4 Für die Beilage Sahne mit Sahnesteif und Zucker steif schlagen. Zitronenmarmelade kurz unterrühren und die Zitronensahne zu den Waffeln reichen.

Tipp:
Statt Zitronenmarmelade können für die Beilage auch 3 Esslöffel Limettensirup verwendet.
Anstelle von Limettenschale und -saft können Sie für Zitronenwaffeln auch Zitronenschale und -saft verwenden.

Rosmarinwaffeln

Foto
8–10 Stück
Zubereitungs- und Backzeit: etwa 60 Min.

Insgesamt:
E: 96 g, F: 294 g, Kh: 129 g, kJ: 15396, kcal: 3675

Für den All-in-Teig:

- **200 g Weizenvollkornmehl**
- **1 gestr. TL Backpulver**
- **1 gestr. TL Salz**
- **2 TL gerebelter Rosmarin**
- **geriebene Muskatnuss**
- **250 ml (1/4 l) helles Bier**
- **3 Eier (Größe M)**
- **4 EL Olivenöl**
- **5 EL Raps- oder Sonnenblumenöl**

Für die Beilage:

- **200 g Aioli (Knoblauchmayonnaise)**
- **200 g Roastbeef-Aufschnitt**

1 Für den Teig Mehl mit Backpulver mischen und in eine Rührschüssel geben. Restliche Zutaten hinzufügen und alles mit Handrührgerät mit Rührbesen zunächst kurz auf niedrigster, dann auf höchster Stufe in etwa 2 Minuten zu einem Teig verarbeiten.

2 Das Waffeleisen erhitzen und evtl. leicht fetten. Den Teig mit Hilfe eines Esslöffels in nicht zu großen Portionen einfüllen und etwas verteilen. Die Waffeln goldbraun backen, anschließend herausnehmen und einzeln auf einem Kuchenrost erkalten lassen oder warm servieren.

3 Aioli und Roastbeef-Aufschnitt zu den Waffeln servieren.

Tipp:
Waffeln in Herzen teilen und im Toaster kurz aufbacken, damit sie wieder knusprig werden.

Käsewaffeln

12 Stück
Zubereitungs- und Backzeit: etwa 60 Min.

Insgesamt:
E: 102 g, F: 193 g, Kh: 206 g, kJ: 12433, kcal: 2969

Für den Teig:

- **200 g Weizenmehl**
- **50 g Speisestärke**
- **2 gestr. TL Backpulver**
- **4 Eier (Größe M)**
- **125 ml (1/8 l) Milch**
- **frisch gemahlener Pfeffer**
- **Paprika edelsüß**
- **150 g zerlassene, abgekühlte Butter oder Margarine**
- **100 g Gruyère-Käse oder Höhlenkäse**
- **100 g roher Schinken**
- **1 rote Paprikaschote**
- **2 EL Schnittlauchröllchen**

(Fortsetzung Seite 66)

1 Für den Teig Mehl mit Speisestärke und Backpulver mischen und in eine Rührschüssel sieben. Eier mit Milch, Pfeffer und Paprika verschlagen und nach und nach mit einem Schneebesen unter das Mehlgemisch rühren, dabei darauf achten, dass keine Klümpchen entstehen. Butter oder Margarine unterrühren.

2 Käse reiben und Schinken in sehr feine Streifen schneiden. Paprika halbieren, entstielen, entkernen, die weißen Scheidewände entfernen, Schoten waschen und in sehr kleine Würfel schneiden. Käse, Schinken, Paprika und Schnittlauch unter den Teig rühren.

3 Das Waffeleisen erhitzen und evtl. leicht fetten. Je Waffel etwa 2 Esslöffel Teig in das Waffeleisen füllen und etwas verteilen. Die Waffeln goldbraun backen, anschließend einzeln auf einem Kuchenrost erkalten lassen oder warm servieren.

■ **Tipp:**
Für eine vegetarische Variante den Schinken weglassen und statt 100 g Käse 150 g Käse verwenden. Zu den Waffeln einen Dip reichen. Dazu z. B. 1 Becher (125 g) Kräuter-Crème fraîche mit 150 g Joghurt verrühren und mit Salz und Pfeffer abschmecken. 2 Esslöffel Schnittlauchröllchen unterrühren.

Buchweizenwaffeln

8–10 Stück
Zubereitungs- und Backzeit: etwa 45 Min.

Insgesamt:
E: 52 g, F: 177 g, Kh: 165 g, kJ: 10317, kcal: 2464

Für den All-in-Teig:
- **170 g Butter oder Margarine**
- **120 g Buchweizenmehl (Reformhaus)**
- **80 g Weizenmehl**
- **1 gestr. TL Backpulver**
- **1 gestr. TL Salz**
- **250 ml (1/4 l) Milch**
- **4 Eier (Größe M)**

1 Für den Teig Butter oder Margarine zerlassen und etwas abkühlen lassen. Beide Mehlsorten mit Backpulver mischen und in eine Rührschüssel geben. Restliche Zutaten und die flüssige Butter oder Margarine hinzufügen und alles mit Handrührgerät mit Rührbesen zunächst kurz auf niedrigster, dann auf höchster Stufe in etwa 2 Minuten zu einem Teig verarbeiten.

2 Waffeleisen erhitzen und evtl. fetten. Je Waffel etwa 2 Esslöffel Teig in das Waffeleisen füllen und etwas verteilen. Die Waffeln goldbraun backen, anschließend herausnehmen und einzeln auf einem Kuchenrost erkalten lassen oder warm servieren.

■ **Tipp:**
Waffeln mit Kräuterquark und Rote-Bete-Salat servieren.
Die kalten Waffeln können in einem Toaster aufgebacken werden.

Hot-Dog-Waffeln

8–10 Stück
Zubereitungs- und Backzeit: etwa 60 Min.

Insgesamt:
E: 93 g, F: 344 g, Kh: 205 g, kJ: 17868, kcal: 4263

Für den All-in-Teig:
- **100 g Weizenmehl**
- **100 g Weizenvollkornmehl**
- **1 gestr. TL Backpulver**
- **1 gestr. TL Salz**
- **250 ml (1/4 l) lauwarme Milch**
- **4 Eier (Größe M)**
- **8 EL Speiseöl**
- **50 g Röstzwiebeln**

Zum Bestreuen:
- **50 g Röstzwiebeln**

Für die Beilage:
- **1 Glas (250 ml) Salatmayonnaise**
- **1/2 Glas Gurkensalat „Dänische Art" (Abtropfgewicht 180 g) oder 180 g Gewürzgurken**
- **1 Glas Cocktail-Würstchen**

1 Für den Teig Mehl, Vollkornmehl, Backpulver und Salz mischen und in eine Rührschüssel geben. Restliche Zutaten hinzufügen und alles mit Handrührgerät mit Rührbesen zunächst kurz auf niedrigster, dann auf höchster Stufe in etwa 2 Minuten zu einem Teig verarbeiten.

2 Das Waffeleisen erhitzen und evtl. leicht fetten. Je Waffel 1 Teelöffel Röstzwiebeln in das Waffeleisen streuen, etwa 2 Esslöffel Teig darauf geben und etwas verteilen. Die Waffeln goldbraun backen, anschließend herausnehmen und einzeln auf einen Kuchenrost erkalten lassen oder warm servieren.

3 Für die Beilage jede Waffel mit Mayonnaise, Gurkensalat oder mit in feine Scheiben geschnittenen Gewürzgurken und Würstchen belegen und mit den restlichen Röstzwiebeln bestreut servieren.

Tipp:
Röstzwiebeln gibt es fertig zu kaufen. Statt Cocktailwürstchen können Sie auch Hot-Dog-Würstchen verwenden und diese in den gebackenen Waffeln wie Hot Dogs anrichten.

Kartoffelwaffeln mit Dinkel

Foto
12 Stück
Zubereitungs- und Backzeit: etwa 60 Min.

Insgesamt:
E: 100 g, F: 88 g, Kh: 213 g, kJ: 8533, kcal: 2037

Für den Hefeteig:

- **200 g Dinkelvollkornmehl**
- **1/2 Pck. (21 g) frische Hefe**
- **1 gestr. TL Zucker**
- **50 ml (4 EL) warme Milch**
- **600 g Kartoffeln**
- **2 Zwiebeln**
- **4 Eier (Größe M)**
- **2 EL Distelöl**
- **2 EL Crème fraîche**
- **2 EL Leinsamen**
- **70 g fein geriebener Parmesankäse**
- **Salz**
- **gerebelter Majoran**
- **frisch gemahlener Pfeffer**

1 Für den Teig Dinkelmehl in eine Rührschüssel geben und in die Mitte eine Vertiefung drücken. Hefe hineinbröckeln, Zucker und Milch hinzufügen, mit etwas von dem Mehl mit einer Gabel vorsichtig verrühren und etwa 10 Minuten stehen lassen.

2 In der Zwischenzeit Kartoffeln waschen, schälen, abspülen und grob reiben. Zwiebeln abziehen und in feine Würfel schneiden. Kartoffelraspel, Zwiebelwürfel, Eier, Öl, Crème fraîche, Leinsamen und Parmesan zu dem Hefeansatz geben. Die Zutaten gut miteinander verrühren und mit Salz, Majoran und Pfeffer würzen.

3 Das Waffeleisen erhitzen und evtl. leicht fetten. Je Waffel gut 2 Esslöffel Teig in das Waffeleisen geben und etwas verteilen. Die Waffeln goldbraun backen, anschließend herausnehmen und einzeln auf einem Kuchenrost erkalten lassen oder warm servieren.

Tipp:
Die Waffeln mit Kräuterquark, kalter Tomatensauce oder Joghurt-Minz-Sauce servieren.

Kürbiswaffeln

7 Stück
Zubereitungs- und Backzeit: etwa 60 Min.

Insgesamt:
E: 38 g, F: 71 g, Kh: 169 g, kJ: 6117, kcal: 1461

Für den Schüttelteig:

- **75 g Maismehl**
- **75 g Weizenmehl**
- **3 gestr. TL Backpulver**
- **25 g brauner Zucker (Kandisfarin)**
- **1 Prise Salz**
- **2 Eier (Größe M)**
- **1 EL Zitronensaft**
- **50 ml Kürbiskernöl**
- **75 g Naturjoghurt**
- **150 ml Buttermilch**
- **100 g geraspelter, frischer Kürbis**

(Fortsetzung Seite 7…

1 Für den Teig Mehl mit Backpulver mischen, in eine verschließbare Schüssel (etwa 3 l) geben und mit Zucker und Salz vermengen. Eier, Zitronensaft, Kürbiskernöl, Joghurt und Buttermilch hinzufügen und die Schüssel mit dem Deckel gut verschließen.

2 Mehrmals kräftig schütteln (insgesamt 15–30 Sekunden), so dass alle Zutaten gut vermischt sind. Kürbisraspel dazugeben und alles mit einem Schneebesen oder Rührlöffel nochmals sorgfältig durchrühren, damit trockene Zutaten vom Rand mit untergerührt werden.

3 Waffeleisen erhitzen und evtl. leicht fetten. Je Waffel 2–3 Esslöffel Teig in das Waffeleisen geben und etwas verteilen. Die Waffeln goldbraun backen, anschließend herausnehmen und auf einem Kuchenrost erkalten lassen.

Tipp:
Dazu Chutney servieren.

Spinatwaffeln mit Lachs

12 Stück
Zubereitungs- und Backzeit: etwa 60 Min., ohne Auftauzeit

Insgesamt:
E: 128 g, F: 125 g, Kh: 201 g, kJ: 10161, kcal: 2434

Für den Teig:
- **1 Pck. (225 g) TK-Blattspinat**
- **1 Schalotte**
- **250 g Weizenmehl (Type 550)**
- **1 gestr. TL Backpulver**
- **1 gestr. TL Salz**
- **geriebene Muskatnuss**
- **4 Eigelb (Größe M)**
- **250 ml (1/4 l) Milch**
- **4 Eiweiß (Größe M)**

Für die Beilage:
- **250 g geräucherter Lachs in Scheiben**
- **200 g Schmand oder Crème fraîche**

1 Für den Teig Blattspinat nach Packungsanleitung auftauen lassen. Schalotte abziehen und in sehr kleine Würfel schneiden. Mehl mit Backpulver mischen und in eine Rührschüssel sieben.

2 Spinat ausdrücken und grob hacken. Salz, Muskatnuss, Eigelb, Milch, Schalottenwürfel und Spinat zu der Mehl-Backpulver-Mischung geben. Die Zutaten mit Handrührgerät mit Rührbesen zunächst kurz auf niedrigster, dann auf höchster Stufe zu einem Teig verrühren. Eiweiß steif schlagen und unterheben.

3 Das Waffeleisen erhitzen und evtl. leicht fetten. Je Waffel etwa 2 Esslöffel Teig in das Waffeleisen füllen und etwas verteilen. Die Waffeln goldbraun backen, anschließend herausnehmen und einzeln auf einem Kuchenrost erkalten lassen oder warm servieren.

4 Lachsscheiben und glatt gerührten Schmand oder Crème fraîche zu den Waffeln reichen.

Tipp:
Rühren Sie etwas geriebenen Meerrettich unter den Schmand oder die Crème fraîche.

Gemüse-Haferflocken-Waffeln mit Feldsalat

14 kleine Waffeln
Zubereitungs- und Backzeit: etwa 60 Min.

Insgesamt:
E: 101 g, F: 148 g, Kh: 137 g, kJ: 9556, kcal: 2278

Für den Teig:

- **100 g Möhren**
- **100 g Staudensellerie**
- **50 g Porree (Lauch)**
- **60 g Butterschmalz**
- **1 große Kartoffel (etwa 150 g)**
- **4 Eier (Größe M)**
- **2 gestr. TL Salz**
- **frisch gemahlener schwarzer Pfeffer**
- **50 g Weizenmehl**
- **100 g zarte Haferflocken**

Für den Feldsalat:

- **200 g Feldsalat**
- **1 EL Estragonessig oder Kräuteressig**
- **1 geh. TL Honigsenf oder milder Senf**
- **Salz**
- **frisch gemahlener Pfeffer**
- **evtl. Zucker**
- **3 EL Olivenöl**

Für die Beilage:

- **250 g Kräuterquark**
- **14 Scheiben Lachsschinken**

1 Für den Teig Möhren putzen, waschen und fein raspeln. Staudensellerie putzen, die harten Außenfäden abziehen, Stangen abspülen und in sehr feine Würfel schneiden. Porree putzen, waschen und in sehr feine Streifen schneiden. Etwa 10 g von dem Butterschmalz in einer Pfanne zerlassen, Gemüse hinzugeben und unter Rühren etwa 3 Minuten dünsten lassen. Das Gemüse herausnehmen und abkühlen lassen. Die Kartoffel waschen, schälen, abspülen und fein raspeln.

2 Das restliche Butterschmalz mit einem Handrührgerät mit Rührbesen geschmeidig rühren. Eier nach und nach unterrühren (jedes Ei etwa ½ Minute) und Salz und Pfeffer dazugeben. Mehl sieben, mit Haferflocken mischen und unterrühren. Die Gemüsemischung und die Kartoffelraspel unter den Teig heben.

3 Waffeleisen erhitzen und evtl. leicht fetten. Je Waffel 1–2 Esslöffel Teig in die Mitte des Waffeleisens geben, so dass das Waffeleisen nicht bis zum Rand gefüllt ist. Die Waffeln goldbraun backen, anschließend herausnehmen und im vorgeheizten Backofen bei etwa 50 °C auf einem mit Backpapier belegten Backblech warm halten, bis alle Waffeln gebacken sind.

4 Für den Salat Feldsalat putzen, waschen und gut abtropfen lassen. Essig mit Senf, Salz, Pfeffer und evtl. Zucker verrühren und Olivenöl unterrühren. Die Sauce mit dem Salat vermischen.

5 Die Waffeln zum Servieren auf Tellern mit Kräuterquark, Schinken und Salat anrichten.

Sesamwaffeln mit Frühlingssalat

10 Stück
Zubereitungs- und Backzeit: etwa 60 Min.

Insgesamt:
E: 151 g, F: 315 g, Kh: 205 g, kJ: 17810, kcal: 4257

Zum Vorbereiten für den Teig:
- **170 g Butter oder Margarine**

Für den Frühlingssalat:
- **4 EL Apfelessig**
- **Salz, Pfeffer**
- **4 EL Speiseöl**
- **1 Bund Frühlingszwiebeln**
- **2 Gläser Stangenspargel (Abtropfgewicht je 205 g)**
- **200 g geräucherter Putenbrust-Aufschnitt**

Für den Rührteig:
- **1 gestr. TL Salz**
- **4 Eier (Größe M)**
- **200 g Weizenmehl**
- **1 gestr. TL Backpulver**
- **etwa 250 ml (1/4 l) Milch**
- **100 g Sesamsamen**

Zum Bestreuen:
- **50 g Sesamsamen**

Für die Beilage:
- **1 Pck. (200 g) Meerrettichquark**

1 Zum Vorbereiten für den Teig Butter oder Margarine in einem Topf zerlassen, in eine Rührschüssel geben, kalt stellen und wieder fest werden lassen.

2 Für den Salat Essig mit Salz und Pfeffer gut verrühren. Öl unterrühren. Frühlingszwiebeln putzen, waschen, abtropfen lassen und in dünne Ringe schneiden. Spargel gut abtropfen lassen und in Stücke schneiden. Putenbrust-Aufschnitt in Streifen schneiden. Zwiebelringe, Spargelstücke und Putenbruststreifen in eine Schüssel geben, die Sauce hinzufügen und alles gut vermischen.

3 Für den Teig die fest gewordene Butter oder Margarine mit Handrührgerät mit Rührbesen auf höchster Stufe geschmeidig rühren. Salz unterrühren. Eier nach und nach unterrühren (jedes Ei etwa 1/2 Minute). Mehl mit Backpulver mischen, sieben und portionsweise abwechselnd mit der Milch auf mittlerer Stufe unterrühren (nur so viel Milch verwenden, dass der Teig schwer reißend vom Löffel fällt). Zuletzt Sesam kurz unterrühren.

4 Waffeleisen erhitzen und evtl. leicht fetten. Je Waffel etwa 1 Teelöffel Sesam in das Waffeleisen streuen und etwa 2 Esslöffel Teig vorsichtig darauf verteilen. Die Waffeln goldbraun backen, anschließend herausnehmen und einzeln auf einem Kuchenrost erkalten lassen oder warm servieren. Salat und Meerrettichquark zu den Waffeln servieren.

Pizza-Waffeln

6 Stück
Zubereitungs- und Backzeit: etwa 45 Min., ohne Gehzeit

Insgesamt:
E: 83 g, F: 168 g, Kh: 221 g, kJ: 11296, kcal: 2697

Für den Hefeteig:
- **300 g Weizenmehl**
- **1 Pck. Trockenhefe**
- **1 gestr. TL Salz**
- **2 schwach geh. TL Pizzagewürz**
- **frisch gemahlener Pfeffer**
- **2 Eier (Größe M)**
- **100 ml Olivenöl**
- **25 g geriebener Parmesankäse**
- **250 ml (1/4 l) lauwarmes Wasser**
- **125 g Salami**

Für den Belag:
- **40 g in Öl eingelegte, getrocknete Tomaten (aus dem Glas)**

1 Für den Teig Mehl in eine Rührschüssel sieben und mit Trockenhefe sorgfältig vermischen. Alle übrigen Zutaten außer Salami dazugeben und mit Handrührgerät mit Rührbesen kurz auf niedrigster, dann auf höchster Stufe in etwa 3 Minuten zu einem Teig verarbeiten.

2 Salami in kleine Würfel schneiden und unterrühren. Den Teig zugedeckt 20–30 Minuten an einem warmen Ort gehen lassen.

3 Für den Belag Tomaten abtropfen lassen und in dünne Streifen schneiden.

4 Waffeleisen erhitzen und evtl. leicht fetten. Je Waffel 5 Tomatenstreifen in das Waffeleisen legen, etwa 3 Esslöffel Teig darauf geben und vorsichtig verteilen. Die Waffeln goldgelb backen, anschließend herausnehmen und auf einem Teller im vorgeheizten Backofen bei etwa 50 °C warm halten, bis alle Waffeln gebacken sind.

Tipp:
Dazu Wein oder Bier reichen.
Als Beigabe schmeckt Kräuterquark, Kräuter-Crème-fraîche oder Tsatsiki.
Zu den Pizza-Waffeln einen Rucola-Salat reichen. Dazu 125 g Rucola putzen, waschen und abtropfen lassen. 150 g Tomaten waschen, abtrocknen und in kleine Stücke schneiden, dabei die Stängelansätze entfernen. 150 g entsteinte schwarze und grüne Oliven in Ringe schneiden. 125 g Mozzarella halbieren und in Scheiben oder Streifen schneiden. 3 Esslöffel Balsamico-Essig mit Salz und Pfeffer verrühren und 2 Esslöffel Speiseöl unterrühren. Die Zutaten für den Salat miteinander vermengen.

Tomatenwaffeln

12 Stück

Zubereitungs- und Backzeit: etwa 60 Min.

Insgesamt:
E: 117 g, F: 176 g, Kh: 242 g, kJ: 12540, kcal: 2994

Für den Teig:

- **100 g in Öl eingelegte, getrocknete Tomaten (aus dem Glas)**
- **300 g Weizenmehl (Type 550)**
- **1 gestr. TL Backpulver**
- **1 gestr. TL Salz**
- **1 Knoblauchzehe**
- **250 ml (1/4 l) Milch**
- **4 Eier (Größe M)**
- **8 EL Tomatenöl (aus dem Glas)**

Für die Beilage:

- **250 g Schafkäse**
- **1 kleine Salatgurke**
- **1–2 Peperoni**

1 Für den Teig Tomaten abtropfen lassen, Öl dabei auffangen und die Tomaten in feine Würfel schneiden.

2 Mehl und Backpulver mischen und in eine Rührschüssel sieben. Salz hinzufügen. Knoblauch abziehen, durch die Presse drücken und zum Mehlgemisch geben. Milch, Eier, Tomatenöl und die gewürfelten Tomaten nach und nach mit Handrührgerät mit Rührbesen auf mittlerer Stufe unterrühren.

3 Das Waffeleisen erhitzen und evtl. leicht fetten. Je Waffel etwa 2 Esslöffel Teig in das Waffeleisen füllen und etwas verteilen. Die Waffeln goldbraun backen, anschließend herausnehmen und einzeln auf einem Kuchenrost erkalten lassen oder warm servieren.

4 Für die Beilage Schafkäse würfeln. Gurke waschen, abtrocknen, Enden abschneiden und die Gurke in Scheiben schneiden. Schafkäsewürfel und Gurkenscheiben mit den Waffeln servieren und mit Peperoni garnieren.

Bananen-Baiser-Waffeln

8 Stück (Brüsseler Waffeleisen)

Zubereitungs- und Backzeit: etwa 60 Min.

**Insgesamt:
E: 70 g, F: 187 g, Kh: 483 g, kJ: 16350, kcal: 3904**

Für den Rührteig:

- **1 Banane**
- **2 EL Zitronensaft**
- **125 g Butter oder Margarine**
- **50 g Zucker**
- **1 Pck. Vanillin-Zucker**
- **1 Ei (Größe M)**
- **3 Eigelb (Größe M)**
- **150 g Weizenmehl**
- **100 g abgezogene, gemahlene Mandeln**
- **50 ml Apfelsaft**

Für den Belag:

- **275 g Wild-Preiselbeeren**
- **3 Bananen**
- **1 EL Zitronensaft**
- **3 Eiweiß (Größe M)**
- **100 g Zucker**

1 Für den Teig Banane schälen, zerdrücken und mit Zitronensaft verrühren. Butter oder Margarine mit Handrührgerät mit Rührbesen auf höchster Stufe geschmeidig rühren. Nach und nach Zucker und Vanillin-Zucker unterrühren. So lange rühren, bis eine gebundene Masse entstanden ist.

2 Ei etwa 1/2 Minute unterrühren, Eigelb nach und nach unterrühren. Mehl sieben und portionsweise abwechselnd mit Mandeln und Apfelsaft auf mittlerer Stufe unterrühren. Anschließend kurz das Bananenpüree unterrühren.

3 Brüsseler Waffeleisen erhitzen und evtl. leicht fetten. Je Waffel gut 2 Esslöffel Teig in das Waffeleisen geben und etwas verteilen. Die Waffeln goldbraun backen, anschließend herausnehmen und auf einem Kuchenrost erkalten lassen.

4 Für den Belag die Waffeln auf ein mit Backpapier belegtes Backblech legen und die Preiselbeeren darauf streichen. Bananen schälen, in dünne Scheiben schneiden, auf den Preiselbeeren verteilen und mit Zitronensaft bestreichen. Eiweiß mit Zucker zu steifem Schnee schlagen und den Schnee mit einem Esslöffel in Wellen auf die Bananen streichen. Das Backblech in den Backofen schieben und das Baiser kurz überbacken.

Ober-/Unterhitze: etwa 220 °C (vorgeheizt)
Heißluft: etwa 200 °C (vorgeheizt)
Gas: Stufe 4–5 (vorgeheizt)
Backzeit: 3–5 Min.

Tipp:
Das Baiser vor dem Überbacken mit gehobelten Mandeln bestreuen.

Waffel-Eis-Burger

12 Waffeln ≙ 6 Stück
(Brüsseler Waffeleisen)

Zubereitungs- und Backzeit:
etwa 50 Min.

Insgesamt:
E: 89 g, F: 263 g, Kh: 482 g,
kJ: 19517, kcal: 4658

Für den Rührteig:

- **250 g Butter oder Margarine**
- **100 g Zucker**
- **1 Pck. Vanillin-Zucker**
- **6 Eier (Größe M)**
- **300 g Weizenmehl**
- **2 gestr. TL Backpulver**
- **150 ml Milch**

Für die Füllung:

- **200 g Himbeeren**
- **50 g gesiebter Puderzucker**
- **6 Ananasringe (aus der Dose)**
- **6 Kugeln Schokoladeneis**

Zum Bestäuben:

- **Puderzucker**

1 Für den Teig Butter oder Margarine mit Handrührgerät mit Rührbesen auf höchster Stufe geschmeidig rühren. Nach und nach Zucker und Vanillin-Zucker unterrühren. So lange rühren, bis eine gebundene Masse entstanden ist.

2 Eier nach und nach unterrühren (jedes Ei etwa ½ Minute). Mehl mit Backpulver mischen, sieben und portionsweise abwechselnd mit der Milch auf mittlerer Stufe unterrühren.

3 Brüsseler Waffeleisen erhitzen und evtl. leicht fetten. Je Waffel gut 2 Esslöffel Teig in das Waffeleisen geben und etwas verteilen. Die Waffeln goldbraun backen, anschließend herausnehmen und auf einem Kuchenrost erkalten lassen. Der Teig ergibt 12 Waffeln.

4 Für die Füllung Himbeeren verlesen (nicht waschen), durch ein Sieb streichen und mit Puderzucker verrühren. Die Ananasringe in einem Sieb abtropfen lassen.

5 Auf 6 der Waffeln je einen Ananasring und eine Kugel Eis legen. Etwas Himbeerpüree darauf träufeln und mit den restlichen Waffeln bedecken. Die Waffel-Eis-Burger nach Belieben mit etwas Puderzucker bestäuben und mit dem restlichen Himbeerpüree servieren.

Domino-Waffeln

12 Stück
(Brüsseler Waffeleisen)

Zubereitungs- und Backzeit:
etwa 60 Min.

Insgesamt:
E: 81 g, F: 335 g, Kh: 428 g,
kJ: 21198, kcal: 5058

Für den Schüttelteig:

- **150 g Zartbitterschokolade**
- **250 g Weizenmehl**
- **1 gestr. TL Backpulver**
- **100 g Zucker**
- **4 Eier (Größe M)**
- **125 ml (1/8 l) Speiseöl**
- **200 ml Schlagsahne**
- **1 EL Orangensaft oder Rum**

Für den Belag:

- **400 ml Schlagsahne oder Milch**
- **1 Pck. Pudding-Pulver Vanille-Geschmack ohne Kochen**

1 Für den Teig Schokolade in kleine Stücke brechen, in einem kleinen Topf im Wasserbad bei schwacher Hitze geschmeidig rühren und abkühlen lassen. Mehl mit Backpulver mischen, in eine verschließbare Schüssel (etwa 3 l) sieben und mit Zucker vermengen. Eier, Öl, Schlagsahne, Orangensaft oder Rum und die aufgelöste Schokolade hinzufügen und die Schüssel mit dem Deckel fest verschließen.

2 Mehrmals kräftig schütteln (insgesamt 15–30 Sekunden), so dass alle Zutaten gut vermischt sind. Alles mit einem Schneebesen oder Rührlöffel nochmals sorgfältig durchrühren, damit trockene Zutaten vom Rand mit untergerührt werden.

3 Brüsseler Waffeleisen erhitzen und evtl. leicht fetten. Je Waffel gut 2 Esslöffel Teig in das Waffeleisen geben und etwas verteilen. Die Waffeln knusprig backen, anschließend herausnehmen und einzeln auf einem Kuchenrost erkalten lassen.

4 Für den Belag aus Pudding-Pulver nach Packunganleitung, aber nur mit 400 ml Schlagsahne oder Milch, einen Pudding zubereiten und in einen Spritzbeutel mit kleiner Lochtülle füllen. Die Waffeln nebeneinander auf eine Platte legen und mit dem Pudding Punkte wie auf Dominosteinen aufspritzen.

Tipp:
Die Domino-Waffeln eignen sich gut für einen Kindergeburtstag.
Übrig gebliebener Belag kann zu den Waffeln serviert werden.
Mit Edelbitterschokolade (70–80 % Kakao) werden die Domino-Waffeln besonders dunkel.

Erdbeer-Sandwich

16 Waffeln ≙ 8 Stück
(Brüsseler Waffeleisen)

Zubereitungs- und Backzeit:
etwa 40 Min., ohne Kühlzeit

Insgesamt:
E: 86 g, F: 169 g, Kh: 367 g,
kJ: 14016, kcal: 3336

Für den Schüttelteig:
- **225 g Weizenmehl**
- **1 gestr. TL Backpulver**
- **1 Pck. Pudding-Pulver Erdbeer-Geschmack**
- **50 g Zucker**
- **3 Eier (Größe M)**
- **250 ml (1/4 l) Erdbeermilch**
- **125 g zerlassene, abgekühlte Butter oder Margarine**

Für die Füllung:
- **1 Pck. Quarkfein Erdbeer-Geschmack (Dessertpulver)**
- **1 Pck. Sahnesteif**
- **250 ml (1/4 l) kalte Erdbeermilch**
- **250 g Ricotta (Molkeneiweißkäse)**

Zum Garnieren:
- **einige Erdbeeren**

1 Für den Teig Mehl mit Backpulver und Pudding-Pulver mischen, in eine verschließbare Schüssel (etwa 3 l) sieben und mit Zucker vermengen. Eier, Erdbeermilch und aufgelöste Butter oder Margarine hinzufügen und die Schüssel mit dem Deckel gut verschließen.

2 Mehrmals kräftig schütteln (insgesamt 15–30 Sekunden), so dass alle Zutaten gut vermischt sind. Alles mit einem Schneebesen oder Rührlöffel nochmals sorgfältig durchrühren, damit trockene Zutaten vom Rand mit untergerührt werden.

3 Brüsseler Waffeleisen erhitzen und evtl. leicht fetten. Je Waffel 3–4 Esslöffel Teig in das Waffeleisen geben und verteilen. Die Waffeln goldbraun backen, anschließend herausnehmen und einzeln auf einem Kuchenrost erkalten lassen.

4 Für die Füllung Quarkfein mit Sahnesteif, Erdbeermilch und Ricotta nach Packungsanleitung zubereiten. Jeweils gut 1 Esslöffel Füllung auf eine Waffel streichen, eine zweite Waffel diagonal halbieren, darauf legen, leicht andrücken und etwa 1/2 Stunde kalt stellen.

5 Vor dem Servieren die gefüllten Waffeln mit einem Sägemesser vollständig diagonal durchschneiden und nach Belieben mit aufgespießten Erdbeeren garnieren.

Tipp:
Sie können Pudding-Pulver und Quarkfein Erdbeer-Geschmack und Erdbeermilch durch Pudding-Pulver und Quarkfein Vanille-Geschmack und Vanillemilch ersetzen und zum Garnieren Früchte nach Belieben verwenden.

Kleine Zimtwaffeln

Foto
20 Stück
(Eiserkucheneisen)

Zubereitungs- und Backzeit:
etwa 45 Min.

Insgesamt:
E: 21 g, F: 57 g, Kh: 160 g,
kJ: 5179, kcal: 1237

Für den All-in-Teig:

- **125 g Weizenmehl**
- **60 g weiche Butter**
- **60 g Zucker**
- **1 Ei (Größe M)**
- **1 gestr. TL gemahlener Zimt**

Zum Bestäuben:

- **Puderzucker**
- **gemahlener Zimt**

1 Für den Teig Mehl in eine Rührschüssel sieben. Butter, Zucker, Ei und Zimt hinzufügen und die Zutaten mit Handrührgerät mit Rührbesen zunächst auf niedrigster, dann auf höchster Stufe in etwa 2 Minuten zu einem Teig verarbeiten.

2 Eiserkucheneisen erhitzen und evtl. leicht fetten. Je Waffel 1 gehäuften Teelöffel Teig in das Eiserkucheneisen geben und etwas verteilen. Die Waffeln goldbraun backen, anschließend herausnehmen, sofort nach dem Backen über einen Kochlöffelstiel zu einer Tüte aufrollen oder als Taler lassen und auf einem Kuchenrost erkalten lassen.

3 Zum Bestäuben Puderzucker mit Zimt mischen und die Waffeln noch heiß damit bestäuben.

Tipp:
Die Waffeln in einer gut schließenden Dose aufbewahren, so bleiben sie 2–3 Wochen frisch. Sie schmecken sehr gut zu Eis oder Dessert.

Klassische Eiserkuchen

25 Stück
(Eiserkucheneisen)

Zubereitungs- und Backzeit:
etwa 50 Min.

Insgesamt:
E: 58 g, F: 137 g, Kh: 459 g,
kJ: 13796, kcal: 3294

Für den Rührteig:

- **125 g Butter**
- **250 g Zucker**
- **1 Pck. Vanillin-Zucker**
- **2 Eier (Größe M)**
- **250 g Weizenmehl**
- **500 ml (½ l) Milch**

1 Für den Teig Butter zerlassen, in eine Rührschüssel geben, kalt stellen und fest werden lassen. Anschließend die Butter mit Handrührgerät mit Rührbesen auf höchster Stufe geschmeidig rühren. Nach und nach Zucker und Vanillin-Zucker unterrühren. So lange rühren, bis eine gebundene Masse entstanden ist.

(Fortsetzung Seite 92)

2 Eier nach und nach unterrühren (jedes Ei etwa ½ Minute). Mehl sieben und portionsweise abwechselnd mit der Milch auf mittlerer Stufe unterrühren.

3 Eiserkucheneisen erhitzen und evtl. leicht fetten. Je Waffel etwa 2 Teelöffel Teig in das Eiserkucheneisen geben und etwas verteilen. Die Waffeln goldbraun backen, anschließend herausnehmen, sofort noch heiß über einen Kochlöffelstiel zu einer Rolle oder Tüte aufrollen und auf einem Kuchenrost erkalten lassen.

Tipp:
Damit die Eiserkuchen knusprig bleiben, werden sie in gut schließenden Blechdosen aufbewahrt.
Schlagen Sie Schlagsahne mit Sahnesteif und Vanillin-Zucker steif und füllen Sie die Eiserkuchen damit.

Schoko-Zimt-Waffeln

20 Stück (Eiserkucheneisen)

Zubereitungs- und Backzeit: etwa 50 Min., ohne Kühlzeit

Insgesamt:
E: 22 g, F: 67 g, Kh: 216 g, kJ: 6523, kcal: 1557

Für den Teig:
- **65 g Butter oder Margarine**
- **100 g Zucker**
- **1 Pck. Vanillin-Zucker**
- **1 Ei (Größe M)**
- **25 g geriebene Blockschokolade**
- **125 g Weizenmehl**
- **1–2 EL gemahlener Zimt**
- **1 Msp. Backpulver**

1 Für den Teig Butter oder Margarine mit Handrührgerät mit Rührbesen auf höchster Stufe geschmeidig rühren. Nach und nach Zucker und Vanillin-Zucker unterrühren. So lange rühren, bis eine gebundene Masse entstanden ist. Ei etwa ½ Minute unterrühren. Schokolade ebenfalls unterrühren.

2 Mehl mit Zimt und Backpulver mischen, sieben und die Hälfte davon auf mittlerer Stufe unterrühren. Den Rest des Mehlgemisches mit Handrührgerät mit Knethaken unterkneten. Den Teig kalt stellen, bis er fest geworden ist.

3 Das Eiserkucheneisen erhitzen und evtl. leicht fetten. Den Teig zu walnussgroßen Kugeln formen. Je Waffel eine Kugel in das Eiserkucheneisen geben und etwas flach drücken. Die Waffeln goldbraun backen, dabei das Eisen in den ersten Sekunden gut zusammendrücken, anschließend herausnehmen und auf einem Kuchenrost erkalten lassen.

Tipp:
Sofort nach dem Backen Waffeln über einem Kochlöffelstiel zu Tütchen oder Rollen formen, die Enden evtl. in aufgelöste Kuvertüre tunken.
Die Waffeln in einer gut schließenden Dose aufbewahren, so bleiben sie 2–3 Wochen frisch.
Die Tütchen oder Rollen nach Belieben mit Sahne und/oder Früchten füllen.

Alphabetisches Register

Themenregister

Klassiker

Mit Nuss & Mandelkern

Schnelle Zaubereien

Für Kinder

Mit Alkohol

Waffeltorten

Herzhafte Waffeln

In dieser Reihe sind bisher außerdem erschienen: *Modeschüttelkuchen, Modeplätzchen, Modemuffins, Modeblechkuchen, Leichte Modetorten, Cocktailtorten, Modeteilchen* und *Sommermodetorten.*
Sie erhalten diese Bücher im Buchhandel.

Umwelthinweis Dieses Buch und der Einband wurden auf chlorfrei gebleichtem Papier gedruckt. Die Einschrumpffolie – zum Schutz vor Verschmutzung – ist aus umweltfreundlichem und recyclingfähigem PE-Material.

Wenn Sie Anregungen, Vorschläge oder Fragen zu unseren Büchern haben, rufen Sie uns unter folgender Nummer an 0521 155-2580 oder 520651 oder schreiben Sie uns: Dr. Oetker Verlag KG, Am Bach 11, 33602 Bielefeld.

Bei den in diesem Buch verwendeten Rezeptnamen handelt es sich zum Teil um eingetragene Marken.

Wir danken für die freundliche Unterstützung
Coca-Cola, Essen
Storck, Berlin
Ritter Sport, Waldenbuch
Masterfoods, Viersen

Redaktion Sabine Puppe

Titelfoto Thomas Diercks, Hamburg
Innenfotos Brigitte Wegner, Bielefeld (S. 7, 9, 13, 17–25, 29, 37–41, 45–51, 55–61, 65, 71, 75, 79, 83, 87)
Thomas Diercks, Hamburg (S. 4, 11, 27, 31, 35, 43, 53, 63, 69, 73, 77, 81, 89)
Bernd Lippert, Bielefeld (S. 33, 67, 91)
Ulrich Kopp, Füssen (S. 15)
Kramp & Gölling, Hamburg (S. 93)
Hans-Joachim Schmidt, Hamburg (S. 85)

Foodstyling Claudia Glünz, Nordhorn

Rezeptentwicklung und -beratung
Eike Upmeier-Lorenz, Herford
Mechthild Plogmaker, Dr. Oetker Versuchsküche
Sabine Lange, Oetzen

Nährwertberechnungen NutriService, Hennef

Grafisches Konzept Björn Carstensen, Hamburg
Gestaltung M•D•H Haselhorst, Bielefeld
Einbandgestaltung KonturDesign, Bielefeld

Reproduktionen Kruse Reproduktionen GmbH, Vreden
Satz JUNFERMANN Druck & Service, Paderborn
Druck und Bindung APPL Druck GmbH & Co. KG, Wemding

Die Autoren haben dieses Buch nach bestem Wissen und Gewissen erarbeitet. Alle Rezepte, Tipps und Ratschläge sind mit Sorgfalt ausgewählt und geprüft. Eine Haftung des Verlages und seiner Beauftragten für alle erdenklichen Schäden an Personen, Sach- und Vermögensgegenständen ist ausgeschlossen.

ISBN 3–7670–0626-X